Tú puedes ser un genio de la Bolsa

(Aunque seas un novato)

PROFIT
editorial

Profit Editorial, sello editorial de referencia en libros de empresa y management. Con más de 400 títulos en catálogo, ofrece respuestas y soluciones en las temáticas:

- Management, liderazgo y emprendeduría.
- Contabilidad, control y finanzas.
- Bolsa y mercados.
- Recursos humanos, formación y coaching.
- Marketing y ventas.
- Comunicación, relaciones públicas y habilidades directivas.
- Producción y operaciones.

E-books:
Todos los títulos disponibles en formato digital están en todas las plataformas del mundo de distribución de e-books.

Manténgase informado:
Únase al grupo de personas interesadas en recibir, de forma totalmente gratuita, información periódica, newsletters de nuestras publicaciones y novedades a través del QR:

Dónde seguirnos:
 | @profiteditorial

 | Profit Editorial

Ejemplares de evaluación:
Nuestros títulos están disponibles para su evaluación por parte de docentes. Aceptamos solicitudes de evaluación de cualquier docente, siempre que esté registrado en nuestra base de datos como tal y con actividad docente regular. Usted puede registrarse como docente a través del QR:

Nuestro servicio de atención al cliente:
Teléfono: **+34 934 109 793**

E-mail: **info@profiteditorial.com**

Joel Greenblatt

Tú puedes ser un genio de la Bolsa

(Aunque seas un novato)

Descubre los escondites secretos de los beneficios de la Bolsa

© 1999 de Joel Greenblatt

Publicado por primera vez por Touchstone con el título *You Can Be a Stock Market Genious*

Derechos de traducción gestionados por Sandra Dijkstra Literary Agency y Sandra Bruna Agencia Literaria, SL

Reservados todos los derechos

© Profit Editorial I., S.L., 2021

Traducción: Emili Atmetlla
Diseño de cubierta: XicArt
Maquetación: gama, sl

ISBN: 978-84-18464-08-9
Depósito legal: B 19250-2020
Primera edición: junio de 2021
Segunda edición: julio de 2021
Tercera edición: octubre de 2021

Impresión: Gráficas Rey

Impreso en España – *Printed in Spain*

Para mi maravillosa esposa Julie,
y nuestras tres magníficas *spinoffs*

Agradecimientos

Al igual que con cualquier otro trabajo de este tipo, muchas personas han compartido la carga. Por supuesto, la responsabilidad última por los errores, omisiones, inexactitudes o consejos erróneos recae en un tipo de Cleveland al que nadie parece poder encontrar. Por consiguiente, no tengo otra alternativa que señalar con el dedo a los siguientes sospechosos.

La totalidad del equipo de Gotham Capital. Esto incluye a mi cómplice, Daniel Nir, que tuvo la suerte de poder desasirse de las garras de Harvard Business School cuando se creó Gotham Capital. Él es una de las principales razones del éxito de Gotham, un promotor y colaborador fundamental de este proyecto y una de las mejores apuestas en mi carrera. A mi socio Robert Goldstein, cuyos comentarios brutalmente sinceros y francos (y, lamentablemente, equitativos y esclarecedores) hicieron que este libro fuera bastante mejor de lo que habría sido. También le agradezco especialmente sus inmejorables aportaciones a muchos de los ejemplos que se encuentran en estas páginas (y a los beneficios que los acompañaron, incluido el descubrimiento de Charter Medical) y su trabajo excepcional en Host Marriott y Liberty Media. A mi socio Edward (Ned) Grier, tanto por sus valiosos comentarios como por su excelente trabajo de investigación en muchos de los estudios de caso que aparecen en el libro, incluidos General Dynamics y Strattec. Aunque cada uno de estos extraordinarios inversores podía haber obtenido un récord de inversiones espectacular sin la ayuda de ningún socio, me siento un privilegiado por haber tenido la oportunidad de trabajar con un grupo de amigos con tanto talento.

Hablando de talento y de amigos, también quisiera expresar un agradecimiento especial a nuestra abnegada e intrépida (y única) operadora jefe, Lisa Alpert; a nuestro director financiero y un tipo excelente, Bruce Berkowitz (no confundir con el inversor en Wells Fargo que tiene el mismo nombre); y a nuestra capacitada y polifacética directora de la oficina, Alison Jarret.

Otras dos personas de la familia Gotham merecen una mención especial. La primera, Bruce Newberg, que ha tenido un papel verdaderamente clave en el éxito de Gotham. No solo fue el responsable de recaudar el capital inicial que posibilitó el nacimiento de Gotham, sino también de contribuir continuamente con sus sabios consejos, sus excepcionales ideas de inversión y su arrolladora amistad. Cualquier persona se sentiría muy afortunada de tener un amigo tan bueno y leal. El segundo miembro de la familia Gotham, mi hermana Linda Greenblatt, lo es por partida doble. Ella ha sido la principal orientadora y contribuyente a la construcción de este libro. Es increíble que incluso después de quince lecturas, aún fuera capaz de reírse en los momentos apropiados y de encontrar tiempo para conseguir que su propia sociedad de inversiones, Saddle Rock Partners, fuera un gran éxito. Su paciencia infinita, su inteligencia y su dedicación han tenido un efecto espectacular en el resultado final. Desde luego no podría haber culminado este proyecto sin la ayuda de Linda.

Otros probables sospechosos con los que estoy en deuda por sus importantes aportaciones y su amistad son: John Scully de Hamilton Partners y de la Columbia Business School, un mentor y amigo de mi época en Halcyon; Eric Rosenfeld, director gerente de Oppenheimer & Co.; Jeffrey Schwarz, socio director de Metropolitan Capital Advisors; Richard Pzena, de Pzena Investment Management; Mitch Julius, socio director de Canyon Partners; Seth Klarman, presidente del Baupost Group; Joseph Mazzella, mi abogado y socio en Lane, Altman & Owens; Robert Kushell, mi corredor de Bolsa en Smith Barney; Mark Gimpel, Esq., por mis gloriosos recuerdos de Apache Relay; el mayor Gary Warren del cuerpo de marines, por su gran sentido del humor; y Rabbi Label Lam, por su inestimable orientación a la acción y, concretamente, por sus reflexiones sobre «la moneda de la vida» que aparecen en el capítulo final.

Mi agradecimiento especial a Bob Rosenkranz, presidente de Delphi Financial Group y socio director de Acorn Partners, por su inigualable apoyo a Gotham a lo largo de los años; a Ezra Merkin, nuestro socio en Gotham durante dos años y medio en la década de los 80; y a Stan Kaplan, operador jefe durante nuestros primeros cinco años.

Gracias también a Bob Mecoy, mi editor en Simon & Schuster; a Sandra Dijkstra, mi agente; y a Guy Kettelhack, por su ayuda a la propuesta original del libro.

También quiero dar unas gracias súper especiales a toda mi familia por su amor, su apoyo y sus ánimos. Cada uno de sus miembros ha colaborado de forma importante en el resultado final del libro: mis maravillosos padres, Allan y Muriel Greenblatt; Richard y Amy Greenblatt; los doctores Gary y Sharon Curhan, y a George y Cecile Teebor.

Por último, a Julie, el amor de mi vida (y mi esposa) y a nuestros tres increíbles hijos. Muchas gracias por el regalo de cada día maravilloso que pasamos juntos.

Índice

1

Sigue la ruta del éxito

Luego gira a la derecha

No tiene ninguna lógica que un libro pueda enseñarte cómo hacer una fortuna en la Bolsa. Después de todo, ¿qué posibilidades tienes de triunfar cuando te enfrentas a un ejército de gestores de carteras de inversiones de miles de millones de dólares o a una horda de individuos perfectamente entrenados con sus MBA a cuestas? Una contienda entre tu, el orgulloso dueño de un libro de 22,85 € sobre cómo ser un genio de la Bolsa, y estos individuos no parece que esté muy equilibrada.

La verdad es que no lo está. Los adinerados gestores de inversiones de Wall Street y los MBA de primera clase no tienen ninguna posibilidad frente a ti y este libro. No, no encontrarás ninguna fórmula mágica en el capítulo 8, y este libro no es una secuela de la película *Como triunfar sin dar golpe*, pero si estás dispuesto a invertir una cantidad razonable de tiempo y esfuerzo, te están esperando los beneficios de la Bolsa, e incluso una fortuna.

Muy bien, ¿cuál es el truco? Si es tan fácil, ¿por qué no pueden superarte los MBA y los profesionales? Evidentemente, ellos ponen su cuota de tiempo y esfuerzo, y aunque posiblemente no sean los más inteligentes del mundo, tampoco hay muchos tontos del pueblo entre ellos.

Por extraño que pueda parecer, no hay truco. La respuesta a esta aparente paradoja —por qué tienes la capacidad potencial de superar a los denominados «expertos» del mercado— reside en el estudio del razonamiento académico, en los mecanismos internos de Wall Street, y en los hábitos de fin de semana de mi familia política.

Empezaremos con algunas buenas noticias sobre tu formación: en pocas palabras, si tu objetivo es vencer al mercado, un MBA o un doctorado de una prestigiosa escuela de negocios no te será prácticamente de ninguna ayuda. Bien, son buenas noticias en el caso de que no hayas malgastado toneladas de tiempo y dinero en una escuela de negocios persiguiendo decididamente el éxito en el mercado bursátil. De hecho, la premisa básica de la mayor parte de la teoría académica es esta: no es posible vencer al mercado sistemáticamente a menos que intervenga la suerte.

Esta teoría, denominada habitualmente teoría del mercado eficiente o del «paseo aleatorio», indica que miles de analistas e inversores asimilan toda la información públicamente disponible de una compañía determinada, y a través de sus decisiones de compra y de venta de las acciones de la compañía establecen la cotización «correcta». En efecto, puesto que los precios de las acciones se han fijado de una manera más o menos eficiente (y, por tanto, no se pueden encontrar acciones a precios de ganga de forma sistemática), no es posible superar los promedios del mercado durante largos períodos de tiempo. Aunque los académicos han cubierto someramente algunas excepciones (por ejemplo, el efecto enero, efectos del pequeño tamaño y estrategias de ratios bajos precio/ganancia), la mayoría de estas estrategias que «vencen al mercado» son desestimadas por triviales, transitorias o difíciles de poner en práctica después de tener en cuenta impuestos y costes de transacción.

Como vencer al mercado es inimaginable, los académicos dedican mucho tiempo a enseñar cosas como la programación cuadrática paramétrica —la cual se traduce libremente en cómo constituir carteras de acciones diversificadas en el espacio tridimensional. En otras palabras, si te enzarzas con complicadas fórmulas matemáticas y añades sobre la marcha unos cuantos cálculos y un poco de teoría estadística, tienes bastantes probabilidades de igualar el rendimiento de los populares promedios del mercado. ¡Caramba! Aunque hay mucha más parafernalia sobre el tema, el mensaje es claro: no se puede vencer al mercado, por tanto, ni lo intentes. Miles de licenciados y doctorados en empresariales han pagado su buen dinero para recibir este deplorable consejo.

Hay dos razones para no aceptar las enseñanzas básicas de los académicos. La primera es que hay algunos defectos básicos en los supuestos y la metodología utilizados por ellos —defectos que analizaremos brevemente más adelante, pero que no constituyen el foco de atención esencial de este libro—. La segunda, y más importante, es que aunque los profesores suelen estar en lo correcto y el mercado bursátil es más o menos eficiente, sus estudios y conclusiones no son aplicables a ti.

Es evidente que la mayor parte de Wall Street también debe ignorar a los académicos porque el concepto general de pagar por el asesoramiento en inversiones, ya sea en forma de comisiones o de honorarios de asesoría, no cuadra muy bien con la idea de que los consejos no valen realmente para nada. Lamentablemente para los profesionales, los hechos parecen respaldar las conclusiones de los académicos. Si la teoría académica fuera cierta, sería de esperar que los registros a largo plazo de los gestores de fondos de pensiones y de inversión igualaran el rendimiento de los promedios de mercado menos las cantidades abonadas en concepto de honorarios o comisiones de asesoría. En realidad, los profesionales lo hacen un 1 por ciento al año peor que los promedios de mercado relevantes, desviándose ligeramente de la teoría del mercado eficiente, incluso antes de deducir sus honorarios de gestión. ¿Explica la teoría que dice que los mercados son «más o menos eficientes» el decepcionante rendimiento obtenido por los profesionales, o bien hay otros factores que dan lugar a estos deslucidos resultados?

El desafío del profesional

Hablé con un profesional a quien considero uno de los mejores del sector, un amigo al que llamaré Bob (aunque su nombre auténtico es Rich). Bob está encargado de gestionar 12.000 millones de dólares en fondos de inversión en renta variable en una importante firma de inversiones. Para tener un poco de perspectiva, piensa que si fueras al hipódromo e hicieras una apuesta con billetes de 100 dólares, 12.000 millones de dólares apilados alcanzarían una altura equivalente a veinte Empire State Buildings. Según Bob, el balance final y el indicador de su éxito es lo siguiente: ¿Cómo se compara la rentabilidad de su cartera frente a la rentabilidad promedio del Standard & Poor's 500? De hecho, los registros obtenidos por Bob son fenomenales: durante los últimos diez años su rentabilidad anual media ha superado la rentabilidad del índice S&P 500 en un 2-3 por ciento.

A primera vista, la palabra «fenomenal» y una mayor rentabilidad anual del 2 o 3 por ciento parecen un tanto incongruentes. Aunque es cierto que después de veinte años de capitalizar un 2 por ciento anual adicional se crea una reserva de fondos un 50 por ciento mayor, esta no es la razón de que las rentabilidades de Bob sean fenomenales. El rendimiento obtenido por Bob es impresionante porque en el mundo de las carteras de inversión de miles de millones de dólares, este nivel de diferencial de rentabilidad es extremadamente difícil de conseguir de forma sistemática. Algunos cálculos rápidos nos ayudarán a descubrir las limitaciones impuestas a Bob por el gran tamaño de su cartera. Imagina la inversión en cada posición en acciones cuando Bob se dispone a repartir 12.000 millones de dólares. Para crear una cartera con 50 acciones, la inversión media en cada acción individual tendría que ascender aproximadamente a 240 millones de dólares por acción. Si en lugar de 50 acciones fuera una cartera con 100 acciones, la inversión en cada acción ascendería a 120 millones de dólares.

Hay aproximadamente unas 8.500 acciones registradas en total en la Bolsa de Nueva York (NYSE), el American Stock Exchange y el mercado secundario del NASDAQ. De esta cifra, alrededor de 600 acciones tienen una capitalización de mercado de más de 2.500 millones de dólares, y aproximadamente 1.200 tienen valores de mercado superiores a 1.000 millones de dólares. Si asumimos que a Bob no le interesa poseer más del 10 por ciento de las acciones en circulación de una compañía (por razones legales y de liquidez), es probable que el número mínimo de acciones diferentes que Bob acabará teniendo en su cartera de valores se sitúe entre 50 y 100. Si decide ampliar el universo de donde selecciona posibles acciones a comprar a aquellas compañías con una capitalización de mercado por debajo de 1.000 millones de dólares, tal vez para aprovechar algunas gangas en forma de acciones posiblemente sin descubrir o que son menos seguidas por los analistas, su cantidad mínima podría fácilmente ampliarse a más de 200 acciones diferentes.

Intuitivamente, probablemente estarás de acuerdo en que existe una ventaja en tener una cartera de valores diversificada, para que así uno o dos títulos desafortunados no deterioren excesivamente tu confianza ni tu bolsillo. Por otra parte, ¿es 50, 100, o incluso 200, la cantidad correcta de diferentes acciones a poseer en una cartera de valores *adecuadamente* diversificada?

Resulta que la diversificación se ocupa solo de una parte (y no de la mayor parte) del riesgo global de inversión en Bolsa. Aunque tomes la precaución de poseer 8.500 acciones, seguirías corriendo el riesgo de sufrir los altibajos de la totalidad del mercado. Este riesgo, conocido como riesgo de mercado, no se habría eliminado con tu diversificación «perfecta».

Aunque la simple compra de más acciones no contribuye a evitar el riesgo de mercado, sí puede ayudarte a evitar otro tipo de riesgo —el riesgo no dependiente del mercado—, que consiste en la parte del riesgo de una acción que no está relacionado con los movimientos del mercado general. Este tipo de riesgo puede surgir cuando la fábrica de una compañía se quema o cuando un nuevo producto no se vende tan bien como se esperaba. Al no poner todos los huevos en la misma cesta puedes diversificar esta parte de tu riesgo que procede de las desgracias de una compañía individual determinada.

Las estadísticas afirman que tan solo con dos acciones se elimina el 46 por ciento del riesgo no dependiente del mercado de poseer tan solo una acción. Este tipo de riesgo se reduce presuntamente en un 72 por ciento con una cartera de cuatro acciones, en un 81 por ciento con ocho acciones, en un 93 por ciento con 16 acciones, en un 96 por ciento con 32 acciones y en un 99 por ciento con 500 acciones. Independientemente de la exactitud de estas estadísticas concretas, hay dos cosas que debemos recordar:

1. **Después de adquirir seis u ocho acciones pertenecientes a diferentes sectores de actividad, el beneficio de añadir más acciones a la cartera con el propósito de disminuir el riesgo es pequeño, y**
2. **El riesgo del mercado general no se eliminará con la incorporación de más acciones a la cartera.**

Desde un punto de vista práctico, cuando Bob selecciona sus acciones favoritas y se encuentra en su elección número veinte, treinta u ochenta, lo que está haciendo es seguir una estrategia que le viene impuesta por el volumen dinerario de su cartera, por aspectos legales y por consideraciones fiduciarias, y no porque crea que las últimas acciones escogidas sean tan buenas como la primera ni porque necesite todas estas acciones para una diversificación óptima de su cartera.

En resumen, el pobre Bob tiene que inventar montones de grandes ideas de inversión, seleccionar de un limitado universo de las acciones más ampliamente seguidas, comprar y vender grandes cantidades de acciones sin afectar a sus cotizaciones, y actuar en un escaparate en el que sus rentabilidades son juzgadas trimestralmente e incluso mensualmente.

Afortunadamente, tú no tienes que actuar así.

El secreto de tu fortuna

Como es evidente que Bob está muy ocupado, ¿adónde puede dirigirse un inversor en busca de ideas para ganar una fortuna en el mercado bursátil? Para bien o para mal, todos los caminos parecen llevarme hasta el umbral de la puerta de la casa de mis familiares políticos. (No te preocupes, dije míos —no tuyos).

En un final de semana típico los encontraremos de exploración en una subasta vecinal, en una tienda de antigüedades, o en una liquidación de bienes personales, buscando piezas de arte o antigüedades que encajen con sus gustos. Como ávidos coleccionistas, buscan aquellos artículos que les agradaría poseer y con los que les gustaría convivir diariamente. Como capitalistas vergonzantes que son, buscan piezas de arte y antigüedades desconocidas o por descubrir que puedan adquirir a precios que estén bastante por debajo de su verdadero valor.

Cuando están en modalidad capitalista, mis familiares políticos siguen una estrategia muy simple. Tanto si descubren un bello ejemplar de mobiliario antiguo como si se trata de una pintura del período impresionista, se formulan solamente una pregunta antes de proceder a la compra. ¿Hay muebles o pinturas comparables que se hayan vendido recientemente en subasta (o a intermediarios) a precios bastante por encima del precio de compra potencial?

Realmente es así de simple, aunque probablemente aprenderemos más de las preguntas que no se hacen. Ellos no se preguntan, «¿será este pintor el próximo Picasso?» o bien «¿va a subir por las nubes el precio del mobiliario francés del siglo dieciocho?» Aunque sería bonito y tal vez más lucrativo ser capaz de predecir este tipo de evoluciones, pocas personas pueden combinar la capacidad, conocimientos y sincronización para prever y aprovecharse sistemáticamente de los acontecimientos que ocurran en el futuro. Que los familiares políticos puedan o no puedan predecir el futuro es irrelevante; no tienen que hacerlo. Ya saben cómo aprovecharse del estudio del presente.

Eso no quiere decir que sus conocimientos sobre arte y antigüedades no les vayan a ayudar a ganar dinero, pero muchas otras personas también pueden adquirir dichos conocimientos. Su ventaja procede de aplicar dichos conocimientos en lugares que están fuera de los caminos trillados. Aunque estas ubicaciones son más difíciles de encontrar, una vez se han descubierto, la menor competencia de otros coleccionistas expertos crea una oportunidad para que encuentren gangas cuyo precio se ha fijado de forma «ineficiente».

El descubrimiento de acciones que sean gangas funciona más o menos de la misma manera. Si dedicas tus energías a buscar y analizar situaciones que no estén siendo estrechamente seguidas por otros inversores expertos, tus posibilidades de encontrar oportunidades aumentan de forma significativa. El truco consiste en localizar dichas oportunidades.

Es como el viejo cuento sobre el fontanero que llega a tu casa, golpea las tuberías una vez y dice: «Son cien dólares».

«¡100 dólares!», respondes. «¡Todo lo que ha hecho ha sido dar un golpe a las tuberías una vez!»

«Oh no», contesta el fontanero». «Golpear las tuberías cuesta solamente cinco dólares. Por saber dónde hay que golpear le cobro noventa y cinco dólares».

En el mercado bursátil saber dónde hay que «golpear» es el secreto de tu fortuna. Con esto en mente, descubramos algunos de los lugares secretos donde se ocultan los beneficios de la Bolsa.

2

Algunos conceptos básicos

No salgas de casa sin ellos

Cuando yo tenía quince años, el único establecimiento de apuestas en el que podía entrar disimuladamente era el canódromo. Esto fue algo magnífico porque, durante mi primera visita ilegal, descubrí una ruta infalible hacia la opulencia gracias a las carreras de galgos. En la tercera carrera, participaba un perro que había corrido sus seis carreras anteriores en solo treinta y dos segundos. Las probabilidades de ganar de este perro —al que llamaremos «Lucky»— eran de 99-1. Ninguno de los otros perros que competían con Lucky en la tercera carrera había bajado de los cuarenta y cuatro segundos en las carreras anteriores.

Naturalmente, aposté que Lucky ganaría lo que para mí suponía una pequeña fortuna en aquella época. Si todos los tontos que apostaban a los demás perros querían regalarme su dinero, pues bienvenido era. Sin embargo, cuando Lucky se rezagó en la recta final hasta la última posición, mi opinión sobre el resto de jugadores empezó a cambiar.

Era la primera carrera que Lucky corría a una distancia mayor. Aparentemente, como todo el mundo ya sabía, los tiempos espectacularmente buenos de Lucky en las carreras previas fueron logrados sobre distancias mucho más cortas. Todos los demás perros eran corredores experimentados en distancias largas. Mi probabilidad infalible de 99-1 era un espejismo que se evaporó con la misma rapidez que mi dinero.

No obstante, mirándolo por el lado positivo resultaba que en menos de un minuto había aprendido una lección muy valiosa. Sin un nivel de conocimientos básico, no puedes hablar de una gran inversión con un perro de verdad. Así pues, antes de que empieces a ir de caza por los callejones de la Bolsa en busca de inversiones en joyas escondidas, veamos a continuación algunos conceptos básicos que te ayudarán en la exploración.

Unos cuantos conceptos básicos

1. Haz tú el trabajo

Hay dos verdaderas razones para que tú hagas el trabajo. La primera es muy simple. No tienes alternativa. Si de verdad estás examinando situaciones que los demás están pasando por alto, no habrá mucha cobertura de las mismas por parte de los medios de comunicación o de Wall Street. Aunque suele haber muchas informaciones disponibles a nivel de sector o compañía, algunas realmente útiles, casi ninguna se focalizará en los atributos especiales que hacen que tu oportunidad de inversión sea atractiva. Esto no debería ser un problema para ti; «cuantos más seamos mejor» no debería ser tu lema.

La otra razón para que tú hagas el trabajo está estrechamente relacionada con la primera. Tanto como sea posible, una buena retribución no tiene por qué estar asociada simplemente a la asunción de grandes riesgos. Cualquiera puede actuar así. Tú tienes que estar bien retribuido porque has hecho correctamente los deberes. Si eres una de las pocas personas que analizan una oportunidad de inversión concreta, se deduce que estás en la mejor posición para evaluar la recompensa adecuada por el riesgo asumido. No todas las oportunidades de inversiones recónditas o escondidas son atractivas. La idea es hacer tus «apuestas» en aquellas situaciones en las que las recompensas prometan superar a los riesgos de forma significativa.

Evidentemente, a todo el mundo le gustaría invertir allí donde las probabilidades estén abrumadoramente a su favor. No obstante, la mayor parte de la gente no puede hacerlo porque no sabe que estas oportunidades especiales existen. La recompensa a todo tu trabajo y análisis preliminar es la oportunidad de invertir en situaciones que ofrezcan unas rentabilidades económicas fuera de lugar. Tus extraordinarias ganancias no serán el resultado de correr grandes riesgos, sino la retribución justamente merecida por hacer tu trabajo.

No obstante, ¿es divertido invertir cuando las probabilidades están abrumadora e injustificadamente inclinadas a tu favor? Por supuesto que sí.

2. No te fíes de nadie que tenga más de treinta años

3. No te fíes de nadie que tenga treinta años o menos

¿Lo has captado? Las probabilidades de que alguien te llame por teléfono con un buen consejo de inversión son las mismas que ganar la lotería sin haber comprado un décimo. Podría ocurrir, pero es altamente improbable. Cuando los brókeres te llamen o escriban, sigue el consejo de Nancy Reagan: «simplemente di que no». Las estadísticas de los analistas de las principales firmas de corredores de Bolsa en cuanto a predecir futuras ganancias o cotizaciones son bastante deficientes —y si crees que las estadísticas de las firmas más pequeñas que ofrecen acciones de poco valor son mejores, eres un caso perdido. Ni los clientes institucionales de reputadas firmas de inversión reciben consejos especialmente buenos.

Las razones de esta actuación constantemente mediocre son en gran medida sistemáticas. La inmensa mayoría de los analistas no son retribuidos directamente por los clientes. Las recomendaciones e informes elaborados por los analistas son diseminados por los brókeres de las firmas a cambio de comisiones sobre las operaciones que se les encarguen. Un problema perenne es el irresistible incentivo que tienen los analistas para emitir recomendaciones de compra de valores. El universo de acciones no poseídas por un cliente siempre es mayor que la lista de acciones que ya posee. Por consiguiente, es mucho más fácil generar comisiones procedentes de nuevas recomendaciones de compra que de recomendaciones de venta.

Otro riesgo profesional para los analistas es que aquellos que critican duramente los valores de una compañía suelen quedar aislados de una importante fuente de información. El contacto crucial con los directivos de la compañía y la información que procede del personal de relaciones con los inversores tal vez se reserve para otros analistas más «cooperadores». Por supuesto, esto dificulta el trabajo y además probablemente la posibilidad de que la firma de inversiones del analista ofensor capte futuros encargos de banca de inversión de esa compañía sea insignificante. Esta es la razón de que se utilicen eufemismos populares como «fuente de financiación», «mantener» y «prematuro» en lugar de la recomendación más directa de «vender».

Existen otros problemas además de este sesgo optimista. Es muy difícil jugársela con predicciones de ganancias o de cotizaciones si todos tus colegas analistas piensan de forma diferente. Es mucho más seguro estar equivocado junto a una multitud que arriesgarse a ser el único que malinterpretó una situación que todos los demás evaluaron correctamente. Como consecuencia, recibir una opinión novedosa e independiente de los analistas es la excepción y no la regla.

Además, la mayoría de analistas cubren solamente un sector de actividad. Hay analistas del sector químico, del bancario y del detallista que saben muy poco de las ventajas comparativas de inversión en acciones de otros sectores. Así pues, cuando un analista del sector químico recomienda comprar una acción de su sector, lo que no ha hecho ha sido comparar sus expectativas de inversión frente a las acciones de alguno de los otros cincuenta sectores de actividad. Un barrio del centro de Cleveland puede parecer magnífico cuando se compara con otro cercano, pero no cuando se compara con Beverly Hills.

El trabajo de un analista consiste en comparar compañías que operan en un mismo sector de actividad, pero hay que tener en cuenta que existen eventos corporativos extraordinarios que tienen lugar fuera del área específica de conocimientos y experiencia de un analista. Esto es así incluso cuando estos acontecimientos especiales, como *spinoffs* o fusiones, implican a compañías que él sigue. Muchos analistas interrumpen las calificaciones o abandonan la cobertura de compañías que están experimentando cambios corporativos importantes —lo cual es comprensible si se tiene en cuenta la descripción de su puesto de trabajo—, pero no es demasiado útil si su verdadero objetivo es proporcionar una asesoría de inversión que sea rentable.

El siguiente problema al que se enfrentan los analistas son los imperativos económicos. Para los analistas de Wall Street solo es rentable cubrir acciones o situaciones de inversión en las que se puedan generar ingresos suficientes (léase comisiones o futuros honorarios de banca de inversión) que compensen el tiempo y esfuerzo dedicados. Por tanto, las compañías con capitalizaciones de mercado más pequeñas cuyas acciones no se negocien en grandes cantidades, los valores poco claros y las situaciones únicas suelen pasarse por alto. Irónicamente, las mismas áreas cuya exploración es antieconómica para las grandes firmas son las que te ofrecen a ti el máximo potencial de beneficio.

La conclusión es que aunque vivas en el «país de la fantasía» en el que los honorarios y las comisiones no influyen en los consejos sobre inversiones, aún debes enfrentarte a una cruda realidad. Tu bróker, sea o no sea fiable, no tiene ni idea de cómo invertir tu dinero. Pero no le culpes, aunque tenga más de treinta años. Es el sistema, que sencillamente no funciona.

¿Aún quieres un consejo de alguien en quien puedas confiar? Bien —*psst*— apuesta por Lucky en la tercera carrera en el canódromo.

4. Escoge los candidatos y las circunstancias que te sean más favorables

El plato fuerte del campamento de verano era la Guerra de los Colores. Para los no iniciados, la Guerra de los Colores era una actividad ritual de una semana de duración en la que todos los miembros del campo se dividían en dos equipos, el Gris y el Azul. A continuación, los grupos competían, por grupo de edad, buscando la victoria en diversos deportes. El plato fuerte de la Guerra de los Colores era una competición que tenía lugar al final de la misma que incluía a todos los grupos de edad de un bando frente a los del otro. Cada campista tenía que completar una prueba atlética o una tarea descabellada antes de que el siguiente campista de su equipo pudiera intentar su propia gesta.

Así pues, uno por uno, los campistas competían en pruebas que iban desde el atletismo o la natación a ingerir un pastel con las manos atadas a la espalda o caminar con un huevo dentro de una cuchara agarrada por los dientes. La ventaja de un equipo sobre el otro, al contrario que en otras competiciones, no dependía necesariamente de que sus atletas fueran los más fuertes y rápidos, sino de que hubieran tenido la suerte de contar en sus filas con Davis Versotski. La tarea de David consistía en jugar al ping-pong con tres saques en los que la pelota tocara a la red y pasara a campo contrario, antes que el siguiente campista de su equipo pudiera realizar una tarea más común como por ejemplo correr hasta la orilla del mar.

Durante todo el verano, David era un tipo de lo más normal, pero tenía la habilidad de realizar estos saques como si nada —uno, dos, tres— con lo que ahorraba unos minutos cruciales a su equipo en una competición cuyo resultado final se decidía a menudo por cuestión de segundos. En esos tensos momentos, antes del inicio de la carrera, se podía oír el siguiente comentario entre los miembros del equipo de David. «No os preocupéis, tenemos a Versotski». No sé qué fue de Versotski, pero es incuestionable que si este tipo de saques hubieran sido un deporte olímpico o profesional, el nombre de David Versotski sería hoy citado junto al de Babe Ruth o Michael Jordan.

¿Cuál es el sentido de todo esto? La idea es que si David era capaz de arreglárselas para que cada vez que compitiera fuera mediante una prueba con este tipo de saques, tenía muchas probabilidades de ganar prácticamente siempre. Lamentablemente, la vida no suele funcionar de esta manera. No siempre puedes elegir tus batallas ni tu campo de juego. Sin embargo, en el campo de la Bolsa sí puedes elegir.

Este concepto se ha sintetizado de diversas formas por personajes como Warren Buffett: «No tienes que intentar batearlo todo, puedes esperar el lanzamiento ideal». Los buenos apostadores en las carreras de caballos son aquellos que no apuestan en todas las carreras sino que solo lo hacen en aquellas ocasiones en que su convicción es clara. Es lógico que si limitas las inversiones a esas situaciones, y solo a esas situaciones, en las que estás bien informado y tienes seguridad, tu tasa de éxitos será muy alta. No tiene ningún sentido diluir tus mejores ideas o tus situaciones favoritas dedicándote a una larga lista de oportunidades atractivas. Si el «saque de ping-pong que toca la red» fuera solo una de las diez pruebas de un nuevo decatlón, la experiencia y la ventaja de David se diluirían hasta tal punto que sus posibilidades de ganar la prueba completa de decatlón serían escasas. Por tanto, si nadie te detiene en tus saques victoriosos, sigue con ellos hasta que te fallen.

La estrategia de poner todos los huevos en el mismo cesto y vigilar este cesto es menos arriesgada de lo que puedas imaginar. Si supones, basándote en la historia pasada, que la rentabilidad anual media de la inversión en Bolsa es aproximadamente del 10 por ciento, las estadísticas dicen que la posibilidad de que la rentabilidad en un año determinado se sitúe entre el − 8 por ciento y el + 28 por ciento es de dos de cada tres. En la jerga estadística, la desviación estándar alrededor de la media de mercado del 10 por ciento en un año determinado es aproximadamente del 18 por ciento. Evidentemente, todavía sigue habiendo una posibilidad de una sobre tres de que la rentabilidad caiga fuera

TÚ PUEDES SER UN GENIO DE LA BOLSA

de este intervalo increíblemente amplio de 36 puntos porcentuales (de − 8 por ciento a + 28 por ciento). Estas estadísticas son válidas para carteras que contienen de 50 a 500 valores diferentes (en otras palabras, el tipo de carteras propias de la mayoría de fondos de inversión).

Sin embargo, ¿qué dicen las estadísticas que puedes esperar si tu cartera se limita solamente a cinco valores? La gama de rentabilidades esperadas en un año determinado debe ser verdaderamente inmensa. ¿Quién sabe cómo pueden sesgar los resultados los disparatados movimientos de una o dos acciones? La respuesta es que hay, aproximadamente, dos posibilidades sobre tres de que tu rentabilidad se sitúe en un rango de − 11 por ciento a + 31 por ciento. Si tu cartera contiene ocho acciones, el intervalo se estrecha un poco más, del − 10 por ciento al + 30 por ciento. La rentabilidad esperada de la cartera aún sigue siendo del 10 por ciento. No es una diferencia significativa respecto a poseer 500 acciones. El hecho de que puedas conducir un camión entre estos amplios intervalos de rentabilidades esperadas debería conferir alivio a los que no tienen cincuenta acciones en sus carteras e infundir temor en los corazones de aquellos que creen que la posesión de docenas de acciones les garantizará unos ingresos anuales predecibles.

A largo plazo (estamos hablando de un período de veinte o treinta años), las acciones, a pesar de la variabilidad anual de sus rentabilidades, son probablemente el vehículo de inversión más atractivo. Por tanto, poseer una cartera de acciones ampliamente diversificada debería capacitarte para imitar, más o menos, el rendimiento de los populares promedios de mercado. En el caso de las acciones, obtener el rendimiento medio no es tan malo.

Sin embargo, si tu objetivo consiste en superar la media del mercado de forma significativa, entonces la selección del candidato y las circunstancias que te sean más favorables, «esperar al lanzamiento ideal», y ceñirte al «saque que toca la red» o a cualquier otra metáfora que destaque la idea central, es la forma de proceder apropiada. El hecho de que este proceso altamente selectivo pueda dejarte solamente con unas pocas posiciones que encajen con tus estrictos criterios no debería constituir un problema. La multa que pagas por tener una cartera de valores focalizada —un ligero aumento de la posible volatilidad anual— debería quedar más que compensada por unas mayores rentabilidades a largo plazo.

¿No te sientes aún cómodo con el concepto de poner unos pocos huevos en un mismo cesto? No desesperes. Hay otras formas de abordar la cuestión del riesgo sin necesidad de diluir la efectividad de invertir solamente en unas pocas situaciones preferidas.

5. No compres más acciones; pon el dinero en el banco

Por unos 1.000 dólares, una compañía de seguros aceptará pagar a un hombre sano de treinta y cinco años la suma de 1.000.000 de dólares en caso de que tenga la desgracia de fallecer a lo largo del año siguiente. Las tablas actuariales dicen que esta es una buena apuesta para la compañía de seguros. No obstante, ¿te pondrías tu en el lugar de la compañía de seguros? Probablemente no. La razón es que, independientemente de lo que puedan decir las estadísticas, tú no puedes permitirte perder 1.000.000 dólares —sobre todo a cambio de unos miserables mil dólares. En cambio, la compañía de seguros, al reunir a miles de titulares de pólizas puede crear una cartera de riesgos asegurados de acuerdo con las tablas estadísticas. Esa es la razón de que puedan hacer un buen negocio contratando de forma sistemática este tipo de apuestas que tú, como individuo, no te puedes permitir.

En efecto, un riesgo específico, cuando se considera de forma aislada, puede parecer peligroso o insensato, pero en el contexto de toda una cartera, el mismo riesgo puede ser razonable. Por tanto, si eso es así, diseminar los riesgos es una idea tan buena. ¿Por qué te sigo diciendo que poseer unas pocas acciones es la forma de proceder adecuada?

La respuesta se descompone en dos partes. En primer lugar, la compañía de seguros estaba arriesgando en cada póliza individual una pérdida de 1.000 dólares por cada dólar apostado. Harían falta muchos miles de pólizas similares a lo largo de un período de varios años para que esta apuesta fuera provechosa. Afortunadamente, los riesgos que asumes cuando compras acciones individuales se limitan a 1 dólar de pérdida por cada dólar invertido. Como consecuencia, tú puedes invertir con prudencia en tan solo unas pocas acciones sin que se te acuse de que estás corriendo riesgos disparatados. No obstante, todo el mundo aconseja que se mantenga una cartera de valores ampliamente diversificada; ¿cómo se espera que tú consigas el objetivo centrándote solamente en unas pocas oportunidades de mercado seleccionadas?

La respuesta, y la otra razón de que una cartera de acciones ampliamente diversificada no sea una fórmula mágica para evitar el riesgo, se puede encontrar en la forma en que deberías estar pensando acerca de tus inversiones en acciones desde el principio. Es importante recordar que para muchas personas una cartera de acciones es solo una parte de sus inversiones totales. La mayoría de la gente tiene una parte de su patrimonio en el banco o en fondos del mercado monetarios, en sus casas, en bonos, en el valor de sus pólizas de seguro de vida, o en inversiones inmobiliarias, por mencionar solamente unas cuantas opciones posibles. Si lo que buscas es evitar poner todos los huevos en un mismo cesto, este tipo de diversificación más amplio en varias clases de activos cumplirá ese objetivo de forma más efectiva que la mera diversificación de las acciones de tu cartera. En otras palabras, no estropees una excelente estrategia de inversión en acciones mediante una diversificación con la que solo obtienes unas rentabilidades mediocres.

De hecho, independientemente del número de acciones diferentes que adquieras, invertir en Bolsa con dinero que vas a necesitar a lo largo de los próximos dos o tres años para pagar el alquiler o las cuotas de la hipoteca, la comida, los cuidados médicos, los colegios u otras necesidades es, de entrada, arriesgado. Recuerda que las potenciales oscilaciones de las rentabilidades en Bolsa de año a año son enormes, aunque diversifiques hasta el extremo de poseer las 8.000 acciones y pico del mercado. Puedes estar seguro de que la práctica de vender acciones cuando necesitas el dinero es poco prometedora como método de inversión eficaz.

Idealmente, tus decisiones de comprar y vender acciones deberían basarse exclusivamente en los merecimientos de la inversión. Esto puede implicar que haya que dejar ese dinero adicional en el banco o bien invertido en otros activos, aunque hayas decidido que las acciones son el vehículo inversor de elección. Dejar de lado algunos activos (es decir, fuera de la Bolsa) debería ser tu compromiso con una diversificación prudente. Siempre que estés dispuesto a hacer tú los deberes, una estrategia que consista en poseer un puñado de acciones seleccionadas puede producir resultados bastante superiores a los de una estrategia de posesión de docenas de diferentes acciones o fondos de inversión.

De vez en cuando, esta estrategia selectiva puede resultar en unas oscilaciones de rendimiento ligeramente más amplias que una estrategia basada en la posesión de una pequeña cantidad de acciones de todos los títulos conocida como de «aproximación a los índices». Sin embargo, si has organizado tu cartera global de activos para poder capear las inevitables recesiones del mercado sin verte obligado a vender, esta ligera diferencia no debería importar. Lo que sí debería importar es que a lo largo de un período de cinco o diez años, puedas tener tu pastel y también comerlo. Durante dichos años, habrás invertido en docenas de situaciones de inversión diferentes (aunque solo en un puñado de acciones en cualquier momento dado) y, por consiguiente, con un elevado grado de diversificación y unas rentabilidades superiores.

6. Mira hacia abajo, no hacia arriba

Una apreciada e inmutable ley de las inversiones es que hay un intercambio entre riesgo y recompensa. Los académicos y los profesionales afirman que cuanto mayor sea el riesgo que asumas en tu cartera mayor será la recompensa que recibas en forma de unas rentabilidades más elevadas. Cuanto menos riesgo se asume, más baja será la rentabilidad. En resumen, no se puede conseguir algo (altas rentabilidades) a cambio de nada (asumir unos riesgos bajos). El concepto es tan esencial que es el puntal de las estrategias de inversión tanto para los académicos como para los profesionales.

Por supuesto, si la discusión finalizara aquí, tan solo bastaría que determinaras tu nivel de riesgo deseado para recibir la rentabilidad objetivo que te mereces. En un mundo perfectamente eficiente, esta relación entre riesgo y recompensa debería ser cierta. Evidentemente, como tú estarás persiguiendo bolsas de oportunidad allí donde haya inversiones con unos precios fijados de forma ineficiente (es decir, acciones o situaciones de inversión alejadas del camino trillado que los analistas e inversores no hayan valorado correctamente), esta relación inmutable entre riesgo y recompensa no debería ser aplicable.

Sin embargo, esto no convierte en irrelevante para ti el concepto de riesgo/recompensa. Ni mucho menos. Tal vez sea el concepto de inversión más importante de todos. Esta es la razón de que sea tan asombroso que, por lo menos en cuanto al análisis de los riesgos de las acciones individuales, la mayoría de profesionales y académicos lo interpreten incorrectamente. Lo entienden mal porque miden la parte de «riesgo» de la relación riesgo-recompensa de forma errónea y verdaderamente sorprendente.

El riesgo, según la opinión generalmente aceptada, se define como el riesgo de recibir rentabilidades volátiles. En el mundo académico, el riesgo se define por el «beta» de una acción —la volatilidad del precio de una acción concreta con relación al mercado en su conjunto—. Habitualmente el cálculo de «beta» se basa en la extrapolación de la volatilidad pasada de la cotización de la acción. En este mundo al revés, la distinción entre volatilidad positiva y volatilidad negativa se confunde enormemente: una acción cuyo precio aumenta de forma significativa en el transcurso de un año se califica de más arriesgada que una acción cuyo precio desciende ligeramente a lo largo del mismo período de tiempo.

La utilización de movimientos pasados del precio (o volatilidad) como la base para determinar el grado de riesgo de una acción concreta puede dar lugar con frecuencia a conclusiones erróneas. Una acción que haya bajado de 30 a 10 se considera más arriesgada que una acción que haya caído de 12 a 10 en el mismo período. Aunque ambas acciones pueden ser adquiridas ahora por 10 dólares, la acción que haya caído más, y la que ahora se valore con un mayor descuento con respecto a su reciente y elevado precio, se considera la más arriesgada de las dos. Podría ser. Pero también podría ser que la mayor parte del riesgo negativo de la acción haya sido eliminado por el enorme descenso de la cotización. La verdad es que no se puede predecir gran cosa de algo a partir de medir los movimientos de precio pasados de la acción.

De hecho, la volatilidad del precio pasado de una acción no solo no sirve como indicador apropiado de la rentabilidad futura, sino que tampoco indica algo mucho más importante: cuánto se puede perder. Repetiremos esto. *No nos dice cuánto se puede perder.* ¿No es el riesgo de pérdidas lo que preocupa a la mayoría de la gente cuando piensa en el riesgo? Comparar el riesgo de pérdidas de una inversión con las ganancias potenciales es de lo que realmente tratan las inversiones.

Si eres un profesional o un académico, quizás te sea más fácil, teniendo en cuenta que la determinación de las ganancias y pérdidas potenciales es tan subjetiva, utilizar un concepto como volatilidad en sustitución de riesgo que recurrir a cualquier otra medida. Cualquiera que sea la razón para la abdicación general del sentido común, tu tarea sigue siendo cuantificar, a través de alguna medida, la tendencia al alza y a la baja de una acción. Sin embargo, se trata de una tarea tan imprecisa y difícil que cualquier medida sustitutiva propia puede ser apropiada.

Una forma de abordar este desafío es pensar nuevamente en términos de la familia política, Como recordarás, si ellos descubren un cuadro que se vende por 5.000 dólares cuando un cuadro comparable del mismo artista se ha vendido recientemente en una subasta por 10.000 dólares, lo comprarán. El colchón percibido de 5.000 dólares entre el valor obtenido en la subasta y el precio de compra es lo que Benjamin Graham, reconocido como el padre del análisis de activos financieros, denominaba «margen de seguridad». Si las percepciones de los miembros de la familia política son correctas, su margen de seguridad es tan amplio que es extremadamente improbable que pierdan dinero con esta nueva adquisición. Por otra parte, si sus percepciones están un tanto desviadas —la calidad del cuadro no está a la altura del vendido recientemente en la subasta, el precio de 10.000 dólares era una anomalía puntual, o el mercado del arte se hunde entre el momento de la compra y el momento en que acuden a una subasta— sus pérdidas estarían minimizadas gracias a este colchón inicial incorporado, es decir, su margen de seguridad.

Así pues, una forma de crear una situación atractiva de riesgo-recompensa es limitar rigurosamente el riesgo a la baja a través de invertir en situaciones que gocen de un amplio margen de seguridad. La tendencia al alza, aunque difícil de cuantificar, habitualmente ya cuidará de sí misma. En otras palabras, mira hacia abajo, no hacia arriba, cuando tomes tu decisión de inversión inicial. Si no pierdes dinero, la mayoría de las alternativas restantes son buenas. Aunque este concepto básico es bastante sencillo, sería muy difícil diseñar una fórmula matemática complicada para ilustrarlo.

7. Hay más de un camino que conduce al paraíso inversor

Existen muchas formas de conseguir un patrimonio sustancial a través de la inversión en Bolsa. Asimismo, hay muchas personas que lo intentan. Sin embargo, solo unos cuantos elegidos tienen éxito. Tal como podrían decir Butch y Sundance, «¿quiénes son esos tipos y cómo lo hacen?»

Uno de estos inversores de éxito, cuyos métodos deberían estudiarse a fondo, lo acabamos de mencionar. Benjamin Graham ha influido en muchos inversores a través de sus escritos y enseñanzas. El concepto de «margen de seguridad» es tal vez su aportación más importante y duradera a la profesión de inversor. Graham solía utilizar indicadores objetivos como el valor contable de una acción (el patrimonio neto tal como aparece en el balance de situación) y el ratio precio/ganancias (el precio de la acción con relación a los beneficios o ratio PER) para calcular el verdadero valor de una compañía. Su recomendación era comprar acciones solamente cuando se cotizasen con un descuento significativo con respecto a este valor.

Cuando se contempla el mercado bursátil, decía Graham, deberías imaginar que tienes negocios con el Sr. Mercado y que la cotización de una acción representa simplemente el coste de un determinado porcentaje de la propiedad de la totalidad de la compañía. Algunos días el Sr. Mercado estará desmesuradamente contento y fijará un precio para tu acción ridículamente elevado, mientras que otros días se mostrará excesivamente temeroso y fijará un precio para tu acción injustificadamente bajo. Solamente en estos extremos deberías beneficiarte del Sr. Mercado y prestar atención a lo que tenga que decir. De lo contrario, según Graham, es mejor olvidarse del mercado y concentrarse en los fundamentos operativos y financieros de la compañía.

Parece algo más que una simple coincidencia que, del pequeño grupo de inversores que han tenido un extraordinario éxito a lo largo de prolongados períodos de tiempo, la mayor parte sigue de algún modo los conceptos de Graham de «margen de seguridad» y «Sr. Mercado». Incluso en el área de valoración de la compañía, donde algunos han modificado o ampliado con éxito los métodos de Graham, los conceptos originales de Graham han sido validados repetidamente. Un estudio de diciembre de 1994 (Lakonishok, Schleifer y Vishny, *Journal of Finance*) también respalda su tesis de que simplemente comprando acciones que se cotizan a precios bajos con relación a sus valores y ganancias contables se obtienen mejores resultados a largo plazo.

De acuerdo con estos estudios, un enfoque de valor a la selección de acciones, como el de Graham, supera en gran medida los resultados obtenidos con la adquisición de las acciones glamurosas o más populares, con la compra de fondos de inversión indexados, o con la delegación de patrimonio en gestores profesionales. Estos resultados pueden conseguirse —contrariamente a lo que afirma la teoría o hipótesis del mercado eficiente— sin asumir más volatilidad que con otros métodos, y se aplican tanto a acciones de gran capitalización como de pequeña capitalización.

La explicación para esto puede ser que los individuos y los profesionales sobrevaloran sistemáticamente las perspectivas a largo plazo de las compañías que han funcionado bien recientemente, y al mismo tiempo subestiman el valor de compañías que no van tan bien o son impopulares en el momento presente. Basarse en medidas objetivas como el valor contable de una compañía y en las ganancias históricas para determinar el valor puede ayudar a eliminar algunos de los sesgos más emocionales e institucionales que probablemente se encuentran en algunos métodos de valoración más basados en el futuro. Los métodos de Graham, que han estado bien documentados y han sido ampliamente estudiados, siguen produciendo excelentes resultados a los inversores que deciden aplicarlos.

El discípulo y admirador más famoso de Graham, Warren Buffett, aunque es un gran defensor de invertir con un gran margen de seguridad y de contemplar el mercado bursátil desde la posición privilegiada del Sr. Mercado, ha incorporado con éxito sus propias reflexiones sobre lo que constituye valor cuando se buscan inversiones atractivas. Sobre todo, Buffett ha descubierto que invertir en empresas con buenos fundamentos económicos, en lugar de hacerlo exclusivamente en acciones baratas en un estricto sentido estadístico, puede mejorar de forma espectacular las rentabilidades de las inversiones. Aunque parezca que esta idea no merece ser recibida con una banda de música y fuegos artificiales, esta aparente menor modificación es la razón más probable de que Buffett haya llegado a ser no solo el discípulo de Graham que ha obtenido un mayor éxito, sino también, bajo muchas consideraciones, el mayor inversor del mundo.

Buffett trata de focalizarse en compañías bien dirigidas y administradas que tengan una franquicia, marca o nicho de mercado que sean potentes. Además, sus inversiones se concentran en empresas que comprenda bien y que posean un atractivo económico subyacente (es decir, que generen montones de dinero) y características competitivas. De esta forma, cuando Buffett adquiere un negocio a un precio que parece ofrecer un atractivo descuento respecto a su valor actual, también se beneficia del aumento futuro de valor generado por la posesión de toda una empresa o parte de ella que está bien posicionada. Las oportunidades estadísticas de Graham no suelen beneficiarse de este impulso adicional. De hecho, de acuerdo con Buffett, el riesgo de adquirir negocios deficientes es que gran parte del elemento de oportunidad del descuento inicial de compra puede muy bien disiparse en el momento en que aparezca un catalizador que desbloquee lo que parecía ser el excesivo valor inicial.

Otra estrategia de éxito para invertir en Bolsa ha sido abanderada por el que quizás es el mayor gestor de fondos de inversión del mundo, Peter Lynch. El Fidelity Magellan Fund, que dirigió satisfactoriamente hasta 1990, rendía 28 dólares por cada dólar invertido al principio de su mandato en 1977. A través de sus libros, artículos y entrevistas, Lynch indica con firmeza que los individuos normales y corrientes pueden superar a los expertos mediante la inversión en compañías y sectores que ya conozcan y entiendan. Tanto si te encuentras en el centro comercial, en el supermercado o en el parque de atracciones, las perspectivas de nuevas inversiones están en todas partes, según afirma Lynch. Él cree que con una cantidad razonable de estudio e investigación de una compañía —lo cual es un objetivo alcanzable para el inversor medio— las ideas y experiencias adquiridas cotidianamente pueden transformarse en una cartera de acciones rentable.

Aunque no juegan en la misma liga que Peter Lynch —él gestionaba 14.000 millones de dólares cuando escribió su primer libro; ellas gestionaban 90.000 dólares— las Beardstown Ladies han obtenido un récord envidiable a lo largo de los aproximadamente diez años transcurridos desde que pusieron en marcha un club de inversión. Su arma secreta es *Value Line*. El *Value Line Investment Survey* es una publicación semanal con muchos datos fundamentales y estadísticos sobre, aproximadamente, 1.700 de las mayores compañías que cotizan en Bolsa. Cada semana, *Value Line* clasifica las acciones de este universo según criterios de oportunidad y seguridad. En general, las acciones que *Value Line* califica mejor en cuanto a oportunidad (puntuaciones de 1 o 2 en una escala de 5) han superado cómodamente las medias del mercado a lo largo de un período de treinta años. *Value Line* utiliza una fórmula propia para determinar los ránkings de sus acciones, que incluye factores como ganancias y tendencias de precio de la acción, sorpresas de ganancias positivas y negativas, y determinadas características fundamentales. Las opiniones sobre inversión de los analistas de investigación de *Value Line* fueron incluidas en una época en el sistema de ránking, pero este *input* ya se abandonó hace tiempo cuando se observó que el sistema funcionaba mejor sin ellas.

Por otra parte, el club de las Beardstown Ladies, que empezó con una lista de las acciones mejor calificadas por *Value Line* y utilizó algunos del resto de datos suministrados, ha incorporado algunas aportaciones propias. Entre otras sugerencias, recomiendan invertir en compañías clasificadas por *Value Line* en el tercio superior de sus respectivos sectores, que estén muy bien calificadas en cuanto a seguridad, que tengan unos bajos ratios de deuda, que muestren un fuerte crecimiento de ventas y ganancias a cinco años, y que se sitúen en el extremo más bajo en cuanto al ratio histórico de su PER. Estas damas también incluyen una lista bastante larga de otras recetas en su libro. No se sabe si estas han tenido algún efecto en el rendimiento de las inversiones.

Aunque es evidente que hay otros métodos de inversión eficaces, llegados a este punto sería razonable formularse la siguiente pregunta: ¿Cómo encaja la idea de descubrir inversiones ganadoras en los recovecos ocultos de la Bolsa con los métodos que acabamos de describir?

Aunque ciertamente es razonable, esta pregunta puede llevar a confusión. Simplemente, que estés buscando inversiones en lugares remotos o poco conocidos no significa que no puedas o no debas aplicar parte del saber obtenido del estudio de los métodos ganadores de Graham, Buffett o Lynch. Por supuesto, una vez que te has tomado la molestia de descubrir una inversión interesante en un rincón del mercado, es de esperar que tu análisis no tenga que ser más sutil que determinar si un yunque cayó sobre tu cabeza. Por desgracia, aunque este es un objetivo valioso y no totalmente irreal, la vida no siempre será así de fácil.

Como mínimo, la aplicación de algunas lecciones de los maestros deberían ser de utilidad cuando las decisiones de inversión sean un poco más difíciles. A lo sumo, teniendo en cuenta que escoger los candidatos y las circunstancias más favorables es una de las claves del éxito, el seguimiento de los principios básicos de estos grandes de las inversiones deberían mantenerte focalizado en las ubicaciones correctas.

Los escondites secretos de los beneficios de la Bolsa

De acuerdo, ¿dónde se encuentran estos lugares ocultos y secretos?

No temas, no tendrás que exponerte al riesgo de que te acribillen porque estés espiando en una base militar rusa secreta. No es así de simple y directo. La respuesta es que los beneficios de la Bolsa se pueden ocultar en cualquier parte, y sus escondites cambian continuamente. De hecho, el tema subyacente en la mayoría de dichas situaciones de inversión es el cambio. Ocurre algo fuera del curso normal del negocio que crea una oportunidad de inversión. La lista de eventos corporativos que pueden tener como consecuencia unos grandes beneficios es variada —*spinoffs*, fusiones, reestructuraciones, ofertas de derechos de compra de acciones adicionales a los accionistas actuales, quiebras, liquidaciones, ventas de activos, distribuciones—. Y no se trata tan solo de que los propios eventos puedan proporcionar beneficios; cada uno de dichos eventos puede producir toda una multitud de nuevos títulos o valores mobiliarios con su propio y extraordinario potencial de inversión.

Lo mejor de todo es que siempre está ocurriendo alguna cosa. Docenas de eventos corporativos cada semana son demasiados para que pueda seguirlos una sola persona. Pero esa es la cuestión: no puedes seguirlos todos y tampoco tienes que hacerlo. Incluso el descubrimiento de una buena oportunidad al mes es bastante más de lo que necesitarías o desearías. A medida que vayas leyendo este libro, ejemplo tras ejemplo, lección tras lección, tal vez te preguntes: «¿Cómo demonios podría haber encontrado esto?» o bien «Nunca habría descubierto esto». Es probable que ambas exclamaciones sean ciertas. No obstante, descubrirás y resolverás a tu favor muchas otras oportunidades. Incluso después de que averigües dónde tienes que buscar nuevas ideas, es una utopía pensar que puedas llegar a cubrir ni siquiera una décima parte de estos eventos corporativos especiales. Por otra parte, obtener unos increíbles beneficios a lo largo de tu vida a partir de las oportunidades en las que trabajas no lo es. El viejo dicho es cierto: «Enseña a un hombre a pescar y lo alimentarás durante el resto de su vida».

¿Qué hay de todas las demás formas de hacerse rico? No hay errores en los métodos de inversión de Warren Buffett o Peter Lynch. El problema es que no es probable que tú seas el próximo Buffett o Lynch. Invertir en grandes empresas a buenos precios es lógico. Determinar cuáles son las grandes es la parte difícil. Periódicos y cadenas de emisoras monopolísticas fueron considerados en una época los negocios prácticamente perfectos; más adelante nuevas formas de competencia y la última recesión hicieron bajar de las nubes a esas empresas. El mundo es un lugar complicado y competitivo y cada vez lo es más. Los desafíos a los que te enfrentas al seleccionar las pocas empresas estelares que destacarán en el futuro serán incluso más difíciles que aquellos a los que se enfrentó Buffett cuando estaba construyendo su fortuna. ¿Estás capacitado para la tarea? ¿Tienes que estarlo?

Descubrir el próximo Wal-Mart, McDonald's o Gap también es una tarea difícil. Hay muchos más fracasos que éxitos. Recurrir a tus propias experiencias y a tu intuición para seleccionar buenas inversiones es un excelente consejo que debería aplicarse en todas las inversiones que hagas. Deberías invertir solamente en aquello que conozcas y entiendas. Es solo que Peter Lynch es un individuo con un talento especial. Es probable que él conozca y entienda más que tú a la hora de tomar las decisiones difíciles.

Por otra parte, el enfoque estadístico de Ben Graham se diseñó en realidad con el inversor individual en mente. Una cartera de acciones ampliamente diversificada con unos ratios PER bajos y unos ratios precio/valor contable también bajos sigue generando unos excelentes resultados y es relativamente fácil de emular. Graham estimó que si se poseían veinte o treinta de estas gangas u oportunidades estadísticas no era necesario efectuar una investigación exhaustiva. No te hace falta. Con la lectura y el estudio de la obra de Graham es como la Bolsa llegó a cautivarme. Aún sigo aplicando sus enseñanzas donde puedo y siempre que puedo. Se trata tan solo de que si tú estás dispuesto a hacer parte de tu propio trabajo, escoger las circunstancias que te sean más favorables y mirar donde los demás no están mirando, puedes hacerlo significativamente mejor que con el método más pasivo de Graham.

Recientemente, es aún más fácil realizar la investigación por cuenta propia. Informaciones que no estaban disponibles en absoluto en la época de Graham, o si lo estaban, tenían que buscarse en recónditos archivos estatales y federales, ahora son fácilmente obtenibles. Hasta hace poco, la misma información ubicada entre las enormes cantidades de documentos públicos que las compañías están obligadas a preparar y presentar ante la SEC (*Securities and Exchange Commission*) (Comisión de Bolsa y Valores), estaba disponible pero era inaccesible en gran medida. Los documentos que describen los extraordinarios cambios y eventos corporativos que serán la fuente de los beneficios de tu inversión solían ser suministrados por corporaciones privadas que cargaban de 200 a 300 dólares por documento. Actualmente, esta misma información está inmediatamente disponible en Internet, por el precio de una llamada telefónica. Por supuesto, aún tienes que estar dispuesto a leerla.

¿Hay desventajas en invertir en estas situaciones corporativas especiales? Dos de ellas vienen inmediatamente a la mente. La primera ya la conoces: te llevará algún trabajo. La parte positiva es que serás bien remunerado. La otra desventaja puede o no puede ser aplicable a tu caso. Aunque algunos de estos eventos corporativos extraordinarios se desenvuelven a lo largo de períodos de varios años, otros discurren en plazos de meses. Tu ventaja inversionista suele encontrarse a su nivel máximo inmediatamente antes, durante o justo después del evento o cambio corporativo. Tu ventana de oportunidad puede ser breve y, por tanto, el período de inversión también puede ser breve. Como muchas personas gozan de una ventaja fiscal por recibir plusvalías a largo plazo (procedentes de inversiones que se mantienen más de un año), y todo el mundo goza de una ventaja por diferir las plusvalías imponibles al no vender unos valores revalorizados, un breve período de tenencia de valores en alguna de estas situaciones genera una desventaja en comparación con las estrategias a largo plazo de Buffett, Lynch y Graham. Afortunadamente, tú puedes evitar alguna de dichas desventajas a través de invertir solamente en aquellas situaciones que tardan varios años en desenvolverse totalmente o bien a través de invertir mediante tu cuenta de pensiones o jubilación. (Las cuentas de jubilación cualificadas suelen poder gestionarse sin preocuparse de las consecuencias fiscales).

Una cuestión más a considerar: aunque la mayoría de la gente se siente cómoda entre la multitud, allí no es donde suelen buscar los inversores para encontrar buenas ideas de inversión. No obstante, tú puedes sentirte cómodo con el hecho de que la práctica de invertir en compañías que experimentan cambios corporativos no es un concepto extraño para Buffett, Lynch o Graham. Todos estos grandes inversores han dedicado tiempo a invertir en este campo. Graham estaba más interesado en transmitir su saber al inversor individual; creía que acumular una cartera diversificada de oportunidades estadísticas sería un medio más accesible de invertir para la mayoría de las personas. Buffet y Lynch tenían el problema de invertir grandes sumas de dinero —miles de millones de dólares. A menudo es difícil tomar posiciones suficientemente grandes en esas situaciones de inversión especial para generar un impacto en una cartera de este tamaño. No es ningún problema para los primeros 250 millones de dólares, más o menos (llámame cuando te encuentres en este punto).

Así, pues arremángate y pon tu mente a trabajar —vas a hacer un viaje desenfrenado por la Dimensión Desconocida de la Bolsa. Irás a lugares que los demás no se atreven a pisar, o que por lo menos ignoran. Cuando surques esas aguas inexploradas en su mayor parte y descubras los secretos allí enterrados, finalmente sabrás lo que se siente al ser uno de los pocos gloriosos que escalaron el Everest, plantaron una bandera en el Polo Norte o caminaron por la superficie de la Luna. (De acuerdo, de acuerdo —es probable que te sientas más bien como que has completado un crucigrama. Nunca he hecho uno, pero estoy seguro de que uno se siente maravillosamente).

En cualquier caso, pongámonos en marcha.

3

De tal palo tal astilla

Spinoffs (segregaciones o esciciones),
spinoffs parciales y ofertas de derechos

Perdí una apuesta. En juego, una cena en Lutèce. En aquella época estaba soltero y mi idea de la gastronomía no iba más allá de los diferentes tipos de bocadillos de queso. Así pues, ahí estaba yo, quizás en el restaurante más elegante de Nueva York, examinando la carta. Pronto apareció ante nosotros un caballero con el atuendo de chef para ayudarnos a escoger la cena. De algún modo, su vestimenta no me alertó de que se trataba de Andre Soltner, el propietario y chef principal.

Señalé uno de los entrantes de la carta y pregunté con toda la inocencia del mundo: «¿Es bueno esto»?

«No, ¡apesta!», fue la respuesta de Soltner.

Aunque solo estaba bromeando, capté lo que me quería decir. Prácticamente todo lo que había en la carta tenía que ser excelente. La decisión culinaria importante era haber seleccionado Lutèce, escoger los platos de la carta era tan solo un ajuste de precisión adicional.

Ten presente este concepto a medida que vayas leyendo los capítulos de este libro. Es magnífico buscar inversiones en lugares donde los demás no las buscan, pero esto no es suficiente. También tienes que mirar en los lugares apropiados. Si preseleccionas áreas de inversión que te sitúan en una posición de ventaja incluso antes de que comiences (los «Lutèces» del mundo de las inversiones), el trabajo más importante ya está hecho. Todavía te quedarán por tomar muchas decisiones, pero si seleccionas las oportunidades en una carta excepcional, es menos probable que tus decisiones produzcan indigestiones.

Spinoffs

La primera área de inversión que visitaremos será, sorprendentemente, poco apetecible. Se trata de un área de descartes corporativos, conocidos generalmente como *spinoffs*. Las *spinoffs* pueden adoptar muchas formas, pero el resultado final suele ser el mismo: una corporación separa una filial, una división o una parte del negocio de la compañía matriz mediante la creación de una nueva compañía independiente. En la mayoría de los casos, las participaciones de la nueva compañía *spinoff* se distribuyen o venden a los accionistas actuales de la compañía matriz.

Son muchas las razones por las que una compañía puede escoger descargar o separase de alguno de sus negocios. Pero, en realidad, solamente hay una razón a la que hay que prestar atención cuando se efectúa una escisión: que puedes ganar mucho dinero invirtiendo en *spinoffs*. Los hechos son abrumadores. Las acciones de las compañías *spinoff,* e incluso las de las compañías matrices que efectúan la segregación, superan de forma significativa y sistemática las medias del mercado.

Un estudio llevado a cabo en Penn State, que cubría un período de veinticinco años que finalizaba en 1988, descubrió que las acciones de las compañías *spinoff* superaban a sus homólogas del sector y al índice Standard & Poor's 500 en cerca de un 10 por ciento anual en sus tres primeros años de independencia.[1] Las compañías matrices también marchaban bastante bien, superando a las compañías de su sector en más de un 6 por ciento anual durante el mismo período de tres años. Otros estudios han llegado igualmente a conclusiones prometedoras sobre las perspectivas de las compañías *spinoff*.

¿Qué pueden significar estos resultados para ti? Si aceptas el supuesto de que a lo largo de períodos de tiempo prolongados, el merca-

---

1. Patrik J. Cusatis, James A. Miles, y J. Randall Woolridge, «Restructuring Through Spinoffs», *Journal of Financial Economics* 33 (1993).

do promedia una rentabilidad anual aproximada del 10 por ciento, entonces, teóricamente, superar al mercado en un 10 por ciento podría conseguirte rentabilidades anuales del 20 por ciento. Si la experiencia pasada de dichos estudios resulta cierta en el futuro, se podrían conseguir resultados espectaculares adquiriendo simplemente una cartera de acciones de compañías que se han escindido de la compañía matriz. Traducción: rentabilidades del 20 por ciento anual sin que haga falta disponer de herramientas o talentos especiales.

¿Pero, qué sucede si estás dispuesto a hacer un poco de trabajo personal? La selección de tus situaciones de *spinoff* favoritas —es decir, no adquirir simplemente todas las nuevas *spinoffs* ni adquirirlas al azar— debería llevar a rentabilidades anuales incluso superiores al 20 por ciento. Esto es bastante significativo, si tenemos en cuenta que Warren Buffett, el billonario favorito de todos, solo ha conseguido obtener un 28 por ciento anual (si bien a lo largo de cuarenta años). ¿Es posible que con la mera elección del tiempo, del lugar y de las circunstancias que te sean más favorables dentro del área de las *spinoffs,* puedas conseguir resultados que rivalicen con los de un grande de las inversiones como Buffett?

No, afirmas. Aquí hay algo que es erróneo. En primer lugar, ¿quién es capaz de asegurar que las *spinoffs* seguirán rindiendo tan bien en el futuro como lo han hecho en el pasado? En segundo lugar, cuando todo el mundo descubra que las *spinoffs* producen estas extraordinarias rentabilidades, ¿no se impulsarán al alza los precios de las acciones de las *spinoffs* hasta el punto de que desaparezcan las rentabilidades adicionales? Y, finalmente, acerca de estas rentabilidades incluso superiores al 20 por ciento, ¿por qué deberías tener una ventaja para determinar cuáles son las *spinoffs* que tienen más posibilidades de un gran éxito?

Hombre de poca fe. Por supuesto, las *spinoffs* continuarán superando los rendimientos de las medias de mercado —y sí, incluso después de que más personas descubran su sensacional récord—. Por lo que respecta a por qué tendrás muchas posibilidades de seleccionar a las auténticas grandes ganadoras, podrás conseguirlo porque yo te diré cómo hacerlo. Para entender los cómo y los por qué, comencemos con los conceptos básicos.

En primer lugar, ¿por qué las compañías persiguen operaciones de *spinoff*? Habitualmente, la argumentación que sustenta una *spinoff* es bastante sencilla:

- Los negocios sin relación entre sí pueden separarse mediante una operación de *spinoff* para que el negocio separado pueda ser mejor valorado por el mercado.

  Por ejemplo, un conglomerado del sector del acero y los seguros puede escindir alguna de las empresas y crear una inversión atractiva para las personas que quieran invertir en acero o en seguros, pero no en ambos sectores.

  Desde luego, antes de la *spinoff*, algunos inversores en seguros todavía podrían tener interés en comprar acciones del conglomerado, pero más probablemente solo con un precio rebajado (reflejando la adquisición «obligada» de un negocio del sector del acero que no se desea).

- Algunas veces la motivación de una operación de *spinoff* procede del deseo de separar el negocio «malo» con el objetivo de que el negocio «bueno» pueda hacerse visible a los inversores sin trabas.

  Esta situación (así como el caso anterior de dos negocios sin relación entre sí) también puede resultar beneficiosa para la dirección. El negocio «malo» puede suponer un drenaje excesivo de tiempo y focalización para los directivos. Como compañías independientes, un grupo directivo focalizado en cada entidad tiene más posibilidades de llevar a cabo una gestión eficaz.

- Algunas veces una *spinoff* es un medio de obtener valor para los accionistas de un negocio que no puede venderse con facilidad.

  Ocasionalmente, un negocio es tan poco atractivo que su compañía matriz no puede encontrar un comprador a un precio razonable. Si la *spinoff* es simplemente un negocio impopular que aún gana algo de dinero, la compañía matriz puede cargar con deuda a la nueva *spinoff*. De esta forma, la deuda pasa de la compañía matriz a la nueva compañía *spinoff* (creando más valor para la compañía matriz).

  Por otra parte, un negocio verdaderamente horrible puede recibir capital adicional de la compañía matriz —para que la *spinoff* pueda sobrevivir por sus propios medios y la compañía matriz pueda deshacerse de ella.

- Las consideraciones de tipo fiscal también pueden influir en la decisión de una operación de *spinoff* en lugar de efectuar una venta directa.

  Si se va a desligar un negocio con una baja base impositiva, la *spinoff* es el medio más lucrativo de conseguir valor para los accionistas. Si se cumplen determinados criterios del IRS (Internal Revenue Service),[2] la *spinoff* puede cualificarse como operación libre de impuestos. Ni la corporación ni los accionistas individuales incurren en una responsabilidad tributaria como consecuencia de la distribución de las participaciones de la *spinoff*.

Una venta al contado de la misma división o filial que reparta los ingresos obtenidos a los accionistas en forma de dividendos incurriría en la mayoría de los casos en una ganancia tributable para la corporación, y un dividendo tributable para los accionistas.

- Una *spinoff* puede resolver una cuestión estratégica, antimonopolio o regulatoria, y allanaría el camino para otras transacciones u objetivos.

En el caso de una adquisición, a veces el que adquiere no quiere, o no puede por razones regulatorias, comprar uno de los negocios de la compañía objetivo. Una *spinoff* de dicho negocio previamente a la fusión es a menudo una solución.

En algunos casos, la filial de un banco o de una compañía de seguros puede someter a la compañía matriz a regulaciones no deseadas. Una *spinoff* de la entidad regulada puede resolver estos problemas.

La lista podría proseguir. Es interesante señalar, sin embargo, que, independientemente de la motivación inicial que respalda una operación de *spinoff*, las compañías que se han segregado recientemente suelen superar cómodamente al mercado. ¿Por qué debería ser así? ¿Por qué debería continuar?

Afortunadamente para ti, la respuesta es que estos beneficios adicionales procedentes de la *spinoff* están incorporados prácticamente al sistema. El propio proceso de la *spinoff* es un método fundamentalmente ineficiente de distribución de acciones a las personas equivocadas. En general, las acciones de la nueva *spinoff* no se han vendido sino que se han regalado a los accionistas, quienes, en su mayoría, eran inversores en el negocio de la compañía matriz. Por tanto, una vez que las participaciones de la *spinoff* están repartidas entre los accionistas de la compañía matriz, suelen venderse inmediatamente sin tener en cuenta su precio o valor fundamental.

---

2. Internal Revenue Service. Agencia gubernamental de EE.UU responsable de la recogida de impuestos y de que se cumplan las leyes tributarias.

La oferta inicial en exceso tiene un efecto predecible en el precio de la acción de la *spinoff*: suele estar deprimido. Presuntamente, se unen a las ventas astutos inversores institucionales. Habitualmente, las compañías *spinoff* son más pequeñas que la compañía matriz. El tamaño de una *spinoff* puede ser solamente un 10 o un 20 por ciento del de la compañía matriz. Aunque un fondo de pensiones o un fondo de inversión dedicara tiempo a analizar el negocio de la *spinoff*, el tamaño de dichas compañías suele ser demasiado pequeño para una cartera institucional, la cual solo incluye compañías con capitalizaciones de mercado mucho mayores.

Muchos fondos solo pueden poseer acciones de compañías que estén incluidas en el índice Standard & Poor's, un índice que incorpora solamente a las compañías más grandes del país. Si una compañía del S&P 500 escinde una división, puedes estar bastante seguro de que prácticamente de forma inmediata esa división será objeto de unas enormes ventas indiscriminadas. ¿Es estúpida dicha práctica? Sí ¿Es comprensible? En parte, sí. ¿Es una oportunidad para escoger algunas acciones que estén baratas? Decididamente, sí.

Otra de las razones por las que las *spinoffs* marchan bien es que el capitalismo, con todas sus desventajas, realmente funciona. Cuando una empresa y su dirección se han liberado de una gran matriz corporativa, se desatan unas fuerzas emprendedoras que hasta entonces han estado reprimidas. La combinación de espíritu de rendición de cuentas, responsabilidad e incentivos más directos toma su curso natural. Después de una *spinoff*, las opciones sobre acciones, emitidas por la compañía *spinoff* o por la compañía matriz, pueden remunerar más directamente a los directivos de cada negocio. Tanto la *spinoff* como la compañía matriz se aprovechan de este sistema de recompensas.

En el estudio Penn State, los mayores aumentos del precio de las acciones de las compañías *spinoff* no tuvieron lugar en su primer año sino en el segundo. Es posible que la presión vendedora inicial tarde un año en desvanecerse antes de que la acción de la *spinoff* pueda rendir a su mejor nivel. Sin embargo, lo más probable es que solo después de transcurrido un año pueden surtir efecto y empezar a ser reconocidas por el mercado muchas de las iniciativas y transformaciones empresariales. Sea cual fuere la razón del excepcional rendimiento del segundo año, los resultados parecen indicar que cuando se trata de *spinoffs*, hay tiempo más que suficiente para investigar y hacer inversiones rentables.

Una última reflexión sobre la razón de que el proceso de *spinoff* parece ofrecer unos resultados tan positivos a los accionistas de la nueva compañía y a los de la compañía matriz: en la mayoría de casos, si se analiza la motivación que hay detrás de una operación de *spinoff*, se observará que se reduce al deseo de la dirección y del consejo de administración de la compañía de aumentar el valor para el accionista. Por supuesto, como este es su trabajo y su principal responsabilidad, teóricamente todas las decisiones de la dirección y del consejo deberían estar basadas en este principio. Aunque esto debería ser así, no siempre lo es.

Puede ser la naturaleza humana, el estilo americano o el orden natural de las cosas, pero la mayoría de directivos y consejeros han perseguido tradicionalmente ampliar, no contraer, su imperio, sus dominios o su esfera de influencia. Tal vez esta sea la razón de que se produzcan tantas fusiones y adquisiciones y la razón de que tantas fracasen, especialmente las que se encuentran fuera de las competencias esenciales de una compañía. Tal vez este sea el motivo de que muchas empresas (líneas aéreas y comercios detallistas vienen ahora a mi mente) se amplíen continuamente cuando podría ser mejor que devolvieran el exceso de efectivo a sus accionistas. Los motivos de la adquisición o la expansión pueden confundirse. Sin embargo, esto rara vez ocurre en el caso de una *spinoff*. Los activos se desconectan y la influencia se pierde; la esperanza es que los accionistas estarán mejor después de la separación.

Es irónico que los arquitectos de una adquisición fracasada puedan acabar utilizando la técnica de la *spinoff* para salir del apuro. Afortunadamente, la decisión de una *spinoff* es una indicación de que ha regresado un cierto grado de disciplina y orientación hacia el accionista. En cualquier caso, la estrategia de invertir en las acciones de una *spinoff* o una compañía matriz debería resultar habitualmente en una cartera preseleccionada de compañías muy orientadas hacia el accionista.

Seleccionar lo mejor de lo mejor

Una vez que te hayas convencido de que las acciones de las *spinoffs* son un coto de caza atractivo para obtener beneficios en la Bolsa, lo siguiente que querrás saber es cómo puedes inclinar aún más las probabilidades a tu favor. ¿Cuáles son las características y circunstancias que indican que una *spinoff* puede superar a otra? ¿Qué hay que buscar y hasta qué punto es difícil encontrarlo?

No necesitas fórmulas ni modelos matemáticos especiales que te ayuden a escoger los auténticos grandes ganadores. La lógica, el sentido común y un poco de experiencia es todo lo que necesitas. Esto puede parecer trivial pero no obstante es la pura verdad. La mayoría de inversores profesionales ni siquiera piensan en situaciones de *spinoff* individuales. O tienen demasiadas compañías que seguir o solo pueden invertir en compañías de un determinado tipo o tamaño, o bien no pueden molestarse en analizar eventos corporativos extraordinarios. Como consecuencia, un poco de reflexión acerca de cada oportunidad de *spinoff* puede proporcionarte una ventaja muy importante.

¿Difícil de creer? Revisemos algunos ejemplos para que veas lo que quiero decir.

✎ Estudio de caso
Host Marriott / Marriott International

Durante los años ochenta del siglo pasado, Marriott Corporation expansionó enérgicamente su imperio mediante la construcción de un gran número de hoteles. Sin embargo, lo más positivo del negocio no radicaba en la posesión de hoteles, sino en cargar unos honorarios de dirección y gestión por gestionar unos hoteles que eran propiedad de otros. Su exitosa estrategia consistía en construir hoteles, y luego venderlos, pero firmando unos lucrativos contratos de gestión de estos mismos hoteles. Cuando los problemas del mercado inmobiliario salieron a la luz a principios de los años noventa, Marriott se vio atrapada por el peso de unos hoteles invendibles en un mercado con un exceso de hoteles construidos y agobiada por unas deudas de miles de millones de dólares que tenían su origen en los préstamos recibidos para construir los hoteles.

Presentemos a Stephen Bollenbach, un genio de las finanzas con una gran idea. Bollenbach, que había ayudado recientemente a Donald Trump a dar un giro radical a su imperio del juego, y que a la sazón era director general financiero de Marriott, encontró una salida para el problema de Marriott. Las condiciones financieras de la deuda negociada públicamente de Marriott permitían (o más bien no prohibían) la *spinoff* del negocio de los lucrativos contratos de gestión de

Marriott, el cual se caracterizaba por tener una enorme corriente de ingresos pero muy pocos activos tangibles. La idea de Bollenbach era dejar las propiedades hoteleras invendibles y el negocio de concesiones de bajo crecimiento —que cargaban con la práctica totalidad de la deuda de la compañía— en una compañía, Host Marriot, y escindir el muy apetitoso negocio de dirección y gestión, más o menos libre de deudas, en una compañía que se denominaría Marriott International.

De acuerdo con el plan, Bollenbach se convertiría en el nuevo CEO de Host Marriott. Además, Marriott International (la Marriott «buena») debería conceder a Host Marriott una línea de crédito de 600 millones de dólares para ayudarle en caso de necesidad de liquidez, y la familia Marriott, propietaria del 25 por ciento de la Marriott conjunta, seguiría participando con el 25 por ciento, tanto en Marriott International como en Host Marriott. La consumación de la operación de *spinoff* se programó para mediados de 1993.

Ten en cuenta que no hizo falta ninguna investigación a fondo para conocer todo esto. *The Wall Street Journal* (y muchos otros periódicos importantes) pusieron a mi disposición toda esta información cuando Marriott anunció la partición de la compañía en octubre de 1992. Solo hacía falta la lectura de este escenario básico en los periódicos para entusiasmarme. Después de todo, se trataba de un caso en el que de un plumazo un negocio de gestión hotelera aparentemente excelente iba finalmente a deshacerse de miles de millones de dólares de deuda y de un montón de propiedades inmobiliarias de difícil venta. Por supuesto, como consecuencia de la operación de creación de esta nueva potencia, Marriott International, se producirían algunos «residuos tóxicos». Se mantendría una compañía, Host Marriott, que se quedaría con todos activos inmobiliarios no deseados y miles de millones de dólares de deuda.

Evidentemente, yo estaba emocionado por... los residuos tóxicos. «¿Quién demonios se iba a querer quedar con esto?», razonaba en mi interior. Ninguna institución, ningún individuo, absolutamente nadie se aventuraría a participar en la recién creada Host Marriott después de consumada la *spinoff*. La presión vendedora sería tremenda. Yo sería el único que se interesaría por esta acción a precio de ganga.

Ahora bien, casi cualquier persona con quien hables de inversiones te dirá que ella va a contracorriente, al revés de la multitud, y en contra de la forma de pensar convencional. Evidentemente, por definición, todo el mundo no puede ir a contracorriente. Dicho esto, yo sí voy en contra de la corriente, lo cual no significa que vaya a saltar frente a un camión de 200 toneladas que marcha a toda velocidad simplemente porque no lo hará ninguna otra persona de la multitud. Lo que quiere decir es que si yo he reflexionado sobre una cuestión, trato de seguir mi propia opinión aunque la multitud piense de forma distinta.

El hecho de que todo el mundo fuera a vender acciones de Host Marriott después de la consumación de la *spinoff* no quería decir, por sí mismo, que la compra de la acción fuera una excelente compra a contracorriente. Después de todo, la multitud podía tener razón. Host Marriott podría ser realmente lo que parecía: un enorme camión cargado hasta los topes de activos inmobiliarios invendibles y de una deuda aplastante. Por otra parte, había unas cuantas cosas sobre esta situación más allá de su evidente atractivo contracorriente (parecía horrible), que me impulsaron, e incluso entusiasmaron, a mirar un poco más allá.

De hecho, Host Marriott poseía varias de las características que yo busco cuando trato de escoger una oportunidad de *spinoff* que destaque del resto.

1. Las instituciones no las quieren (y entre las razones de ello no se incluyen las cualidades de la inversión)

Hay varias razones por las que los gestores de carteras institucionales o los fondos de pensiones no querrían poseer acciones de Host Marriott. Ya hemos comentado el tema de la enorme deuda y el de los activos inmobiliarios impopulares. Estos argumentos se refieren a las cualidades de la inversión y podrían ser razones muy válidas para no poseer acciones de Host Marriott. Sin embargo, tras el anuncio de la operación de *spinoff* en octubre de 1992 solo se dio a conocer una pequeña parte de los hechos relativos a Host Marriott. ¿Hasta qué punto podía estar realmente informada la opinión relativa a la inversión en esta fase tan temprana?

Desde las primeras informaciones en prensa, sin embargo, Host Marriott parecía una compañía tan horrible que la mayoría de instituciones se disuadirían de efectuar investigaciones adicionales en la nueva acción. Puesto que existía la seguridad de que habría una gran cantidad de comunicaciones e informaciones disponibles antes de la consumación definitiva de la *spinoff* (estimada al cabo de unos nueve meses), me juré que las leería —en primer lugar para descubrir si Host iba a ser una compañía tan horrible como aparentaba, y en segundo lugar porque pensé que prácticamente nadie más lo haría—.

Otra de las razones por las que las instituciones no se interesarían por tener acciones de Host era su tamaño. Una vez más, no se debía a las cualidades de la propia inversión. Según los analistas citados en las informaciones de prensa iniciales, Host supondría tan solo del 10 al 15 por ciento del valor total repartido a los accionistas, mientras que el resto del valor sería atribuible al negocio «bueno», Marriott International. Una acción financiada con crédito (altamente endeudada) con una capitalización de mercado que solo sería una parte de los 2.000 millones de dólares originales de Marriott Corporation no iba a tener probablemente el tamaño apropiado para la mayoría de los titulares de las acciones originales de Marriott.

Asimismo, Host pertenecía claramente a un sector de actividad diferente del que había buscado la mayoría de inversores institucionales cuando adquirieron sus acciones de Marriott. Host sería propietaria de hoteles mientras que el negocio que atrajo a la mayoría de inversores de Marriott era la gestión hotelera. Aunque tener inmuebles comerciales y hoteles puede ser un buen negocio, la mayoría de accionistas de Marriott tenían otros intereses y era probable que vendieran sus acciones de Host. Las ventas de acciones por esta única razón no estarían basadas en las cualidades específicas de la propia inversión y, por tanto, se podría crear una oportunidad de compra.

(*Nota:* Por razones específicas del caso Marriott, se consideró, al menos desde un punto de vista técnico, que la compañía *spinoff* iba a ser Marriott International, aunque el conjunto de sus acciones representaran la inmensa mayoría del valor de las dos entidades conjuntas. A los efectos de este ejemplo [y con el propósito de ser preciso en todos los demás sentidos además del puramente técnico], será más útil pensar en Host —la entidad que supone del 10 al 15 por ciento de la valoración bursátil de la compañía Marriott original— como la *spinoff*)

2. Las personas importantes de dentro las quieren

La participación de las personas de dentro es una de las áreas clave donde buscar cuando se trata de seleccionar entre diversas *spinoffs*. En mi opinión es el área más importante. ¿Están incentivados los directivos de la nueva *spinoff* en la misma línea que los accionistas? ¿Recibirán una parte importante de su remuneración potencial en forma de acciones, acciones restringidas u opciones sobre acciones? ¿Existe un plan para que adquieran más? Cuando se han cumplimentado todos los documentos públicos necesarios para la *spinoff,* suelo analizar esta área en primer lugar.

En el caso de Host Marriott, hubo algo en los primeros artículos de prensa que me llamó la atención. Stephen Bollenbach, el arquitecto del plan, se convertiría en el CEO de Host. Por supuesto, tal como indicaban los artículos, él había ayudado a Donald Trump a dar un giro radical a su problemático imperio hotelero y de juego. En este sentido, parecía un candidato idóneo para el puesto. Sin embargo, me intrigaba una cosa: no tenía sentido que el hombre responsable de salvar con éxito un barco que se hundía —al diseñar un medio de arrojar por la borda los inmuebles problemáticos y una gravosa deuda— saltara ahora voluntariamente del barco seguro al bote salvavidas que se hundía, Host Marriott.

La historia se podría haber contado así: «¡Magnífica idea, Bollenbach! ¡Creo que nos has salvado a todos! Ahora, cuando ya ha terminado todo, arrojando por la borda estos inmuebles y la deuda, ¿por qué no se arroja usted también? Utilice este tambaleante bote salvavidas si quiere. ¡Hasta luego!»

Podría haber sucedido de esta forma. No obstante, yo pensé que probablemente Host no era un caso perdido y que Bollenbach iba a estar bien incentivado para conseguir que la nueva compañía funcionara perfectamente. Me comprometí a comprobar su paquete de retribuciones cuando se hubieran presentado los documentos correspondientes a la SEC. Cuanto mayor fuera el incentivo en acciones tanto mejor. Además, la familia Marriott iba a seguir siendo propietaria del 25 por ciento de Host después de constituida la *spinoff.* Aunque la razón principal de la operación era liberar a Marriott International de la carga inmobiliaria y de la deuda, después de completada la *spinoff* aún sería provechoso para la familia que las acciones de Host Marriott prosperasen.

3. Se crea o se pone de manifiesto una oportunidad de inversión que antes estaba oculta

Esto podría querer decir que se descubre un gran negocio o una acción estadísticamente barata como consecuencia de la *spinoff.* En el caso de Host, sin embargo, advertí un tipo de oportunidad diferente: un tremendo apalancamiento.

Si los analistas citados en los artículos de prensa originales estaban en lo correcto, la acción de Host podía cotizarse entre 3-5 dólares, pero al mismo tiempo la nueva compañía tendría una deuda de entre 20-25 dólares por acción. A efectos de nuestro ejemplo, supongamos que el capital de Host tiene un valor de mercado de 5 dólares por acción y la deuda asciende a 25 dólares por acción. Ello indicaría que el valor de todos los activos de Host es aproximadamente de 30 dólares. Por tanto, un ascenso del 15 por ciento del valor de los activos de Host podría doblar prácticamente el valor de la acción (0,15 × 30 dólares = 4,50 dólares). Excelente trabajo si puedes conseguirlo. ¿Qué pasaría con un descenso del 15 por ciento del valor? No preguntes.

Sin embargo, yo dudaba de que Host se estructurara para hundirse en el abandono —por lo menos no inmediatamente. Yo sabía que todos los nuevos accionistas de Host tenían buenas razones para descargar sus residuos tóxicos en el mercado tan pronto como fuera posible. Sin embargo, con la perspectiva de las deudas y las posibles demandas por parte de acreedores, empleados y accionistas, sospechaba que la desaparición rápida de Host Marriott, la corporación, no formaba parte del plan. Añadamos a esto que Marriott International, la compañía «buena», estaría obligada a prestar a Host hasta 600 millones de dólares, que la familia Marriott seguiría siendo dueña del 25 por ciento de Host, y que Bollenbach dirigiría la nueva compañía, y parecía que interesaba enormemente a todos que Host sobreviviera y, con suerte, que prosperara. Como mínimo, después de trabajar un poco en el tema, parecía probable que una recompensa tan apalancada tenía todos los ingredientes de una apuesta apasionante.

Lo creas o no, lejos de ser una idea aislada, un tremendo apalancamiento es un atributo que se encuentra en muchas situaciones de *spin-off*. Recuerda que una de las principales razones por las que una corporación puede escindir un negocio concreto es su deseo de recibir valor por un negocio que parece poco apetecible y de venta problemática. ¿Qué mejor modo de obtener valor de una *spinoff* que encajar parte de la deuda de la compañía matriz en el balance de la compañía *spinoff*? Cada dólar de deuda transferido a la nueva compañía *spinoff* añade un dólar de valor a la compañía matriz.

El resultado de este proceso es la creación de un gran número de *spin-offs* desmesuradamente apalancadas. Aunque el mercado pueda valorar el capital de una de esas *spinoffs* a 1 dólar por cada 5, 6, o incluso 10 dólares de deuda corporativa en la recién creada *spinoff*, 1 dólar es también la cantidad de tu máxima pérdida. Los inversores individuales no son responsables de las deudas de una corporación. Independientemente de cuáles sean los riesgos de invertir en este tipo de compañías, la recompensa de un razonamiento lógico y una buena investigación se multiplican enormemente cuando se aplica en estas circunstancias apalancadas.

En caso de que no hayas prestado atención, nosotros hemos elaborado una tesis o base lógica de investigación muy viable para invertir en acciones de Host Marriott. En resumen, Host podía resultar una buena elección porque:

- La mayor parte de los inversores institucionales sensatos iba a vender sus acciones de Host Marriott antes de analizarlas, lo cual, con suerte, daría lugar a un precio de ganga.
- Las personas clave de dentro, objeto de más investigación, parecían tener un interés personal en el éxito de Host, y
- Un gran apalancamiento magnificaría nuestras rentabilidades si por alguna razón Host resultaba ser más atractiva de lo que las apariencias sugerían.

Si las cosas sucedían de esta manera, estos atributos nos ayudarían con un poco de suerte a tener un mejor resultado que en el caso de la *spinoff* media.

Así pues, ¿cómo marcharon las cosas? Como era de esperar, muchas instituciones vendieron sus acciones de Host a un precio bajo. Las personas clave de dentro de la compañía, según la documentación presentada a la SEC, tenían un gran interés personal en la compañía, ya que cerca del 20 por ciento de las acciones de la misma se asignaron a incentivos para directivos y empleados. Por último, la situación deudora de Host, desagradable para la mayoría de la gente —sin embargo, una oportunidad potencial para nosotros— se estructuró de forma mucho más atractiva de lo que parecía a partir de la simple lectura de los artículos de prensa iniciales.

Y, ¿cómo resultó? Bastante bien, pienso. Las acciones de Host Marriott (conocidas también como «residuos tóxicos») prácticamente triplicaron su valor dentro de los cuatro meses siguientes a la constitución de la *spinoff*. Unos resultados extraordinarios a partir de una situación en la que prácticamente todos habían perdido la esperanza.

¿Estás dispuesto a abandonar? ¿Demasiado en qué pensar? ¿Demasiado trabajo? ¿No quieres tomarte la molestia por todos estos beneficios potenciales? O tal vez, solo tal vez, te gustaría aprender un poco más.

Excavando en busca del tesoro enterrado

Hasta ahora la única tarea que realmente hemos comentado ha sido la lectura en los periódicos de una situación potencialmente interesante. Ahora (ya sabías que había un truco) hay que implicarse un poco más. Estás a punto de ser lanzado a un aburrido viaje dentro del oscuro mundo de la investigación de las inversiones, junto a documentos corporativos de varios cientos de páginas y montañas de archivos presentados a la SEC.

Antes de que te sientas aterrorizado, haz una inspiración profunda. No hay necesidad de que abandones tu trabajo cotidiano. Sin duda tendrás que llevar a cabo algunas tareas —una indagación por aquí, una lectura por allí—, pero nada demasiado agotador. Piensa en ello como si estuvieras excavando en busca de un tesoro enterrado. Nadie piensa en la excavación real— introducir la pala, pisar la pala, lanzar la tierra por encima del hombro —cuando un pequeño tesoro está en juego. Cuando tú estás «excavando» con un objetivo apasionante a la vista, la naturaleza de la tarea cambia por completo. La misma forma de pensar es aplicable aquí.

Básicamente, todo se reduce a un simple proceso en dos pasos. En primer lugar, identifica dónde crees que se encuentra el tesoro (en nuestro caso, la oportunidad de beneficio). En segundo lugar, después de que hayas identificado el lugar (marcarlo preferiblemente con una gran X en rojo), entonces, y solo entonces, empieza a excavar. No tiene sentido (y no es divertido) tratar de desenterrar en toda la vecindad.

Así pues, al fin, estás listo para actuar. Estás haciendo una prospección en un área lucrativa: la de las *spinoffs*. Tienes una tesis de inversión plausible que te puede ayudar a obtener un rendimiento incluso mejor que con la *spinoff* promedio. Ahora ha llegado el momento de arremangarte y hacer un poco de trabajo de investigación. ¿De acuerdo? Bien, de acuerdo, pero no tan deprisa.

En el ejemplo de Marriott, el plan de la *spinoff* se anunció originalmente en octubre de 1992. Aunque la operación obtuvo una amplia cobertura en la prensa durante los meses siguientes, la documentación presentada a la SEC no estuvo disponible hasta junio y julio de 1993. La *spinoff* real no tuvo lugar hasta finales de setiembre —casi un año después de la comunicación inicial. Aunque de seis a nueve meses es un plazo más habitual, en algunos casos el proceso se puede alargar más de un año.

Si eres una persona impaciente por naturaleza y eres partidario de actuar con rapidez, esperar a que las *spinoffs* se desenvuelvan plenamente tal vez no sea apropiado para ti. Las carreras de caballos nunca han tenido éxito en Las Vegas porque la mayoría de jugadores no eran capaces de esperar los dos minutos necesarios que se tardaba en perder su dinero. El mismo resultado, solo que más inmediato, estaba a su disposición en muchos otros lugares de la ciudad.

Los mercados financieros también son conocidos por satisfacer a aquellos que prefieren una gratificación instantánea. Por otra parte, tener tiempo para pensar e investigar a tu propio ritmo y comodidad sin tener que preocuparte acerca de lo último en tecnologías de la comunicación tiene ventajas evidentes para el inversor medio que no es profesional. Además, una vez que hayas pasado un año explorando en *The Wall Street Journal* (o en otras innumerables publicaciones económicas), en busca de oportunidades de *spinoffs* interesantes, debería haber en un momento dado por lo menos una o dos *spinoffs* previamente anunciadas y ahora inminentes que estuvieran maduras para efectuar una investigación adicional y una posible inversión.

De hecho, ahora vamos a ver otro ejemplo.

✎ Estudio de caso
Strattec Security / Briggs & Stratton

En mayo de 1994, Briggs & Stratton, una empresa fabricante de pequeños motores propulsados por gas (utilizados principalmente en equipos energéticos al aire libre), anunció su intención de escindir su división de cerraduras mecánicas y electromecánicas para el sector de automoción. Se comunicó que la *spinoff* tendría lugar a finales de 1994 o principios de 1995. Esta división (que más adelante se denominó Strattec Security) representaba menos del 10 por ciento de las ventas y ganancias totales de Briggs & Stratton.

Briggs, la compañía matriz, estaba incluida en el índice S&P 500 con una capitalización de mercado de 1.000 millones dólares y, por tanto, daba la impresión de que Strattec podría ser una firme candidata a la venta institucional, una vez que sus acciones fueran repartidas a los accionistas de Briggs. La fabricación de cerraduras para automóviles y camiones era ajena al negocio de pequeños motores de Briggs, pero además resultaba que Strattec tendría un valor de mercado inferior a 100 millones de dólares —una dimensión totalmente inapropiada para la mayoría de inversores institucionales de Briggs & Stratton.

Aunque Strattec reunía todos los requisitos de una oportunidad clásica de *spinoff*, permaneció en un segundo plano hasta noviembre de 1994, cuando algo denominado Formulario 10 de la SEC se presentó públicamente. En general, este es el documento público que incluye la mayor parte de la información pertinente acerca de una nueva compañía *spinoff*. El Formulario 10 se presenta en aquellos casos en los que la nueva *spinoff* representa una pequeña parte de la compañía matriz; las transacciones más pequeñas no requieren el voto de los accionistas. En los casos en los que la *spinoff* representa una parte importante de los activos de la compañía matriz, se prepara un documento de delegación o representación para que los accionistas puedan votar con respecto a la segregación propuesta. En dichos casos, el documento de delegación de voto contiene la mayor parte de la misma información que se encuentra en el Formulario 10 (No hace falta que tomes notas ahora. Cómo proceder respecto a obtener estos diversos documentos y delegaciones se tratará en el capítulo 7).

Sin embargo, no fue hasta enero de 1995 en que se hizo algún trabajo con la presentación de un Formulario 10 modificado, donde se incluían algunos detalles y se rellenaban espacios en blanco de la documentación original. Según esta documentación, la *spinoff* estaba programada para ejecutarse el 27 de febrero. Como lo primero que hago con este tipo de documentos es revisar lo que traman las personas clave de dentro —altos directivos y/o accionistas mayoritarios— fue agradable observar que parte de la respuesta se encontraba ya en la primera página siguiente a la introducción. Bajo el título «Razones para la Distribución», el consejo de administración de Briggs daba cuenta de la razón principal para llevar a cabo la *spinoff*. Los motivos del consejo eran los típicos: «proporcionar una remuneración por incentivos a sus empleados clave que esté basada en acciones y ligada al valor de las actividades comerciales y al rendimiento de Strattec como compañía independiente cotizada en Bolsa y no como una unidad indistinguible de Briggs».

De acuerdo con esta parte del documento, un Plan de Incentivos en Acciones que otorga diversas recompensas en acciones a directivos y empleados clave reservaría un 12 por ciento de las participaciones de la nueva compañía para ofrecer incentivos a los empleados. Aunque a un observador externo esta cantidad de incentivos en acciones pueda parecerle generosa, en mi opinión, cuanto más generoso sea un consejo de administración con sus planes de remuneración, mejor —siempre y cuando esta generosidad adopte la forma de planes de opciones sobre acciones o de acciones restringidas—.

De hecho, un tema común a muchas situaciones de inversión atractivas es que la dirección y los empleados han sido incentivados para que actúen como propietarios. Los inversores podrían estar mejor si la ley concediera a los altos ejecutivos y al personal clave una mínima participación en la propiedad de su empleador. Como este tipo de intervención gubernamental es probablemente tan improbable como desaconsejable, tú puedes lograr prácticamente el mismo resultado ciñéndote a invertir en compañías como Strattec, donde los directivos pueden prosperar únicamente junto a los accionistas.

Además de revisar lo que afecta a las personas clave de dentro, también suele ser útil dedicar algún tiempo a las primeras páginas del Formulario 10, al comunicado de delegación de voto, o documento similar. Estas páginas suelen incluir un índice detallado y un resumen de cinco a ocho páginas de las cien o más páginas siguientes. Aquí es donde puedes localizar páginas de interés y seleccionar aquellas en las que focalices tus esfuerzos de forma selectiva. La selectividad es clave. Estos documentos tienen secciones enteras en las que se dan a conocer los diversos intereses económicos de las personas clave de dentro pero además, en medio de toda la palabrería, es importante prestar atención a las cuentas de resultados y balances proforma de la nueva proforma (los estados financieros proforma muestran cómo habría sido el balance de situación y la cuenta de resultados en el caso de que la nueva entidad hubiera existido en años anteriores como compañía independiente).

Según la cuenta de resultados proforma que se encuentra en el apartado resumen del Formulario 10, las ganancias de Strattec en el año fiscal que finalizaba en junio de 1994 ascendieron a 1,18 dólares por acción. Si excluimos algunos gastos únicos, las ganancias para el período de los últimos seis meses que finalizó en diciembre de 1994 subieron un 10 por ciento con respecto al mismo período de 1993.

Con esta limitada información, intenté determinar cuál sería un precio razonable de la acción de Strattec cuando finalmente comenzara a cotizar a finales de febrero de 1995.

Como fabricante sobre todo de cerraduras y llaves para nuevos automóviles y camiones, Strattec, de acuerdo con la lógica y el Formulario 10, se incluía en la categoría de fabricante de equipamiento original para el sector de automoción. El siguiente paso lógico consistía en descubrir a qué precio cotizaban con relación a sus ganancias la mayoría de las demás compañías del mismo sector de actividad. Sencillamente, si todos los proveedores de equipos originales para el sector del automóvil se cotizaban a un precio igual a 10 veces sus ganancias anuales (es decir, a un PER de 10), entonces un precio razonable para Strattec podría acabar siendo de 11,18 dólares por acción (1,18 dólares multiplicado por 10).

Más adelante, nos referiremos a diversas fuentes que proporcionan el tipo de datos que necesitamos para nuestras comparativas de precios. En este caso, yo utilicé *Value Line*, que es una fuente inmediatamente accesible y fácil de usar. Los contenidos de *Value Line* están organizados por grupos sectoriales. En el grupo «Piezas de Automóvil (Equipo Original)», pude determinar que un rango de 9 a 13 veces las ganancias era un PER razonable dentro del grupo sectorial de Strattec. Esto significaba que el intervalo razonable del precio de la acción de Strattec podría moverse aproximadamente entre 10,62 dólares (1,18 dólares × 9) y 15,34 dólares (1,18 × 13). Si quería ser más agresivo, teniendo en cuenta que las ganancias de Strattec habían aumentado aproximadamente en un 10% en los 6 meses siguientes a la finalización del año fiscal en junio de 1994, tal vez podría ser apropiado un rango un 10 por ciento más alto.

Aunque todo este análisis era excelente, a menos que Strattec empezara a cotizarse a 6 o 7 dólares por acción debido a la intensa presión vendedora, yo no iba a hacerme rico en base a lo que he comentado hasta ahora. Además, yo no sabía gran cosa del sector al que pertenecía Strattec, pero sí sabía una cosa. El suministro de piezas a los fabricantes de automóviles se suele considerar un negocio bastante malo. Desde luego, si yo decidía comprar títulos de Strattec, Warren Buffett no iba a ser mi competidor. (Como norma general, ni siquiera contempla inversiones individuales inferiores a 100 millones de dólares; en este caso, la totalidad de la compañía se iba a valorar en menos de 100 millones de dólares).

Lo más interesante tuvo lugar cuando leí las pocas páginas de que constaba el apartado «Negocio de la Compañía». Esto no fue difícil de encontrar. Resultaba que Strattec era con diferencia el mayor proveedor de cerraduras de General Motors, y que este negocio representaba alrededor del 50 por ciento de las ventas totales de Strattec. Strattec también suministraba casi todas las cerraduras de Chrysler, lo que representaba el 16 por ciento de los ingresos totales de Strattec. A partir de estos datos, deduje que Strattec debía ser muy competente en la fabricación de cerraduras para automóviles.

La siguiente información me interesó mucho. De acuerdo con su documentación, «sobre la base de los compromisos de producto actuales, la Compañía [Strattec] cree que Ford se convertirá en su segundo mayor cliente durante el año fiscal 1996 [año que finalizaba en junio de 1996], si dicho compromiso se hace realidad de acuerdo con lo esperado». Esa información me produjo una gran impresión. Puesto que todas las cifras de ingresos y ganancias comentadas hasta ahora no incluían el negocio de Ford, la aparición de un nuevo cliente del que se esperaba que demandara más cerraduras que la totalidad de Chrysler Corporation era realmente una noticia de gran calado.

Como Chrysler era entonces el segundo mayor cliente de Strattec, representando más del 16 por ciento de las ventas totales, era lógico que si Ford tomaba el relevo de la segunda posición, este nuevo negocio tenía que suponer más de dicho 16 por ciento. (El hecho de que GM fuera el mayor cliente abarcando cerca del 50 por ciento de las ventas de Strattec, también quería decir que el negocio de Ford tenía que ser inferior a dicha cantidad). En resumen, aquí había una información muy interesante que incrementaría sustancialmente el valor de Strattec. Mi esperanza era que dicha información no se reflejara en la cotización de la acción de Strattec hasta que yo hiciera algunas compras a precios de ganga.

Desde un punto de vista cualitativo, había algo más con relación al negocio de Strattec que parecía atractivo. Strattec era con diferencia el actor más importante en el mercado de cerraduras del sector de automoción. Con la mayoría del negocio de General Motors y la totalidad del de Chrysler en sus manos, Strattec dominaba un nicho de mercado muy potente. Por tanto, la incorporación del negocio de Ford significaba que la calidad y el precio de los productos de Strattec debían ser dirigidos en la dirección adecuada. Estimé que era poco probable que la mayoría del resto de proveedores de equipo original que eran utilizados con propósitos comparativos tuvieran una mejor posición de mercado que Strattec. En conjunto, esto quería decir que asignar un múltiplo de P (precio) /E (ganancias) ubicado en el extremo superior del rango sectorial podría ser apropiado.

Por supuesto, no tenía ninguna intención de comprar mis acciones en el extremo superior del rango sectorial de P/E, estuviera o no justificado. Sin embargo, si fuera posible adquirir acciones de Strattec en el extremo inferior de las valoraciones sectoriales (precio igual a nueve veces las ganancias, aproximadamente) sin tener en cuenta el nuevo negocio de Ford, podría tratarse de una inversión muy atractiva.

¿El resultado? Durante varios meses después de que Strattec empezara a cotizarse en el mercado, la acción se había negociado libremente entre 10 ½ y 12, lo que la situaba claramente en el extremo inferior del rango sectorial —antes de tener en cuenta (1) el negocio de Ford, (2) que Strattec estaba bastante mejor que la media del nicho de mercado, y (3) el reciente aumento del 10% de los beneficios durante los últimos seis meses. En resumen, era fácil comprar acciones de Strattec a un precio muy atractivo. Esto se confirmó cuando Strattec se cotizó a 18 dólares por acción antes del final de 1995— un 50 por ciento más de aumento en menos de ocho meses. No estaba mal —y afortunadamente lejos de una oportunidad de *spinoff* inusual.

De acuerdo, ya sé lo que estás pensando. El dinero viene muy bien, pero las piezas de automóvil son condenadamente aburridas. Tú puedes tenerlo todo —dinero y emoción— porque nuestra próxima parada es el mundo maravilloso de las compras desde casa.

Home Shopping Bonanza – Los Cartwrights nunca fueron tan ricos

Nunca creí que mi viaje al mundo de las compras desde casa iba a ser tan apasionante. Como todo el mundo, yo echaba un vistazo a un perro de porcelana o a cualquier otro producto inútil que se anunciara en la televisión por cable. Como mi casa está llena de artilugios ridículos —la mayoría no están a la vista para guardar las apariencias— y yo no era un cliente, en realidad no tenía ni idea de quién compraba este tipo de cosas. Como la acción había tenido un éxito notable en los años ochenta y habitualmente me saltaba su canal, nunca consideré a

Home Shopping Network (cadena de compra de productos a través de la TV) como una potencial situación de inversión.

Un artículo que apareció en el primer número de la revista *Smart Magazine* en abril de 1992 modificó esta percepción. Se titulaba «10 Acciones para los Años 90», y una de estas 10 alternativas resultó ser Home Shopping Network. La premisa básica del artículo era que a través del estudio de los atributos de las principales compañías triunfadoras de los años ochenta —examinando como eran en 1980— se podía confeccionar una lista de compañías ganadoras de los años noventa. Existían varias razones por las que una de las opciones, Home Shopping Network, me llamó la atención.

En primer lugar, la mayoría de los criterios de selección para confeccionar la lista de las mejores compañías incorporaban indicadores de valor de Ben Graham (un ratio PER bajo y/o un ratio precio/flujo de caja bajo, un ratio precio/valor contable bajo, etcétera). Fue una sorpresa observar que un antiguo gran éxito como Home Shopping Network hubiera caído lo suficiente para ser considerada una acción de valor. En segundo lugar, la acción de Home Shopping se cotizaba justo por encima de los 5 dólares. Aunque por sí mismo un precio de un solo dígito por acción debería ser irrelevante, a muchas instituciones no les gusta adquirir acciones cuyo precio esté por debajo de los 10 dólares. Como en Estados Unidos la mayoría de compañías prefieren que sus acciones se coticen entre los 10 dólares y los 100 dólares por acción, una acción que se negocie por debajo de los 10 dólares ha caído en desgracia en muchos casos. Debido a una capitalización de mercado más baja a estos precios, o el hecho de que las acciones que han caído desde un precio más alto son intrínsecamente impopulares, habitualmente se pueden encontrar oportunidades en acciones con un precio de un solo dígito, ya que son más propensas a ser poco analizadas, a estar menos incorporadas en las carteras de valores y, en consecuencia, a que sus precios estén fijados incorrectamente.

La última razón por la que Home Shopping Network parecía tener potencial era que —sorpresa, sorpresa— estaba implicada una *spinoff*. (Recuerda que esta es la primera razón por la que estamos aquí). Según el artículo en cuestión, Home Shopping tenía planes de escisión de las emisoras de televisión «para mejorar la calidad de las ganancias». Lo que esto significaba lo descubriría más adelante. Desde luego, tanto la compañía matriz Home Shopping Network como la *spinoff* Silver King Communications merecían un estudio más a fondo.

Según el Formulario 10, presentado en agosto de 1992 bajo el encabezamiento «Razones de la Distribución», la dirección de Home Shopping declaraba:

La dirección cree que las comunidades financiera e inversora no saben muy bien cómo valorar HSN [Home Shopping Network], en parte, porque HSN es tanto una compañía de venta detallista como una red de emisoras de televisión. Las emisoras de televisión suelen valorarse sobre la base del flujo de caja mientras que las compañías de venta detallista suelen valorarse sobre la base de ganancias por acción. La categorización de HSN como una red de emisoras de televisión o como una compañía orientada a la venta al público da lugar a la aplicación de una metodología de valoración única cuando sería más apropiada una combinación de los dos métodos de valoración. Por ejemplo, la valoración del negocio detallista de HSN y asimismo, la valoración de HSN como un negocio orientado a la venta detallista está seriamente descontada por el impacto de los sustanciales costes de depreciación y amortización asociados a los activos de las emisoras. El Consejo de Administración de HSN cree que la separación de HSN de la red de emisoras de televisión permitiría que los inversores potenciales entendieran más claramente el negocio de cada compañía y podría servir para atraer un mayor interés inversor y una mayor cobertura de los analistas en cada una de las dos compañías.

Resultó que Home Shopping Network había adquirido doce emisoras de televisión de UHF independientes durante los años ochenta en un esfuerzo por ampliar el alcance de su programa de compras desde el hogar. De acuerdo con la documentación presentada a la SEC, estas emisoras llegaban aproximadamente a 27,5 millones de hogares, lo que representaba «una de las mayores audiencias conseguidas por cualquier grupo de emisoras de televisión independientes de propiedad y dirección estadounidense». El único problema era que HSN había pagado mucho dinero por estas emisoras. Esto no era tan negativo, pero las emisoras de televisión no poseen demasiado en forma de activos tangibles. Su valor es consecuencia del flujo de caja obtenido por los ingresos publicitarios (en el caso de Home Shopping un anuncio interminable) y no de la cantidad de equipo utilizado para emitir los programas.

Lamentablemente, pagar un precio de adquisición alto por algo que se basa en una cantidad relativamente pequeña de activos fijos y de capital circulante para generar beneficios suele resultar en una suma importante de fondo de comercio asignada en el balance de situación del comprador. El fondo de comercio surge cuando el precio de compra supera el valor de los activos identificables de la compañía adquirida (de emisión, cuentas a cobrar y derechos de programación). Este exceso del precio de compra sobre el valor de dichos activos identificables debe amortizarse (un gasto similar al cargo por depreciación de la planta y del equipo) durante varios años. Al igual que la depreciación, la amortización del fondo de comercio es un gasto no monetario que se deduce de las ganancias declaradas. (Ver el capítulo 7 para una explicación completa de estos términos).

Como la propiedad de una emisora es el clásico ejemplo de una empresa cuyo valor no está estrechamente ligado a la cantidad de activos empleados, las compañías de este tipo se valoran generalmente por su flujo de caja (el cual se obtiene añadiendo a las ganancias los gastos no monetarios de depreciación y amortización) no por sus ganancias declaradas. Las compañías de venta detallista, por otra parte, se valoran en base a sus ganancias. La documentación de Home Shopping presentada a la SEC manifestaba que la determinación del ratio PER apropiado para los negocios combinados era muy difícil. Según dichos documentos, el negocio de venta detallista debería valorarse sobre la base de un múltiplo de las ganancias, mientras que el de las emisoras debería valorarse sobre la base de un múltiplo del flujo de caja.

Un vistazo rápido a la cuenta de resultados de Silver King subrayaba este punto muy claramente. Su beneficio de explotación se situaba ligeramente por encima de los 4 millones de dólares en el último año. Sin embargo, su flujo de caja ascendía a algo más de 26 millones de dólares (4 millones de dólares de beneficios de explotación más unos 22 millones de dólares de depreciación y amortización). Como el equipamiento de las emisoras no tiene que reemplazarse muy a menudo, las inversiones en bienes de capital de nueva planta y equipo eran solo de 3 millones de dólares. Esto significaba que antes de deducir intereses e impuestos, Silver King estaba ganando realmente 23 millones de dólares en efectivo como consecuencia de su actividad: beneficio de explotación de 4 millones de dólares más depreciación y amortización por 22 millones de dólares, menos 3 millones de dólares por inversiones en bienes de capital. (Si estás un tanto perdido, consulta el apartado de flujo de caja del capítulo 7).

Por supuesto, tú no sabrías que la división de emisoras de Home Shopping era una gran generadora de efectivo examinando solamente las ganancias. Los bienes de la emisora contribuían solamente con 4 millones de dólares a los beneficios de explotación, pero como ya hemos observado, el flujo de caja de explotación de Home Shopping totalizaba más de 26 millones de dólares. Como HSN tenía más de 88 millones de acciones en circulación, los 4 millones de dólares suponían solamente unos 4,5 centavos por acción de beneficios de explotación perdidos por la escisión de la totalidad de la división de emisoras. Pero, espera, esa no es toda la historia.

De acuerdo con los documentos presentados a la SEC, Home Shopping iba a descargar más de 140 millones de dólares de deuda a Silver King como parte del proceso de escisión. A un tipo de interés del 9 por ciento, esto quería decir que HSN iba a verse liberada de más de 12,6 millones de dólares de costes de intereses ($0,09 \times 140$ millones de dólares). La conclusión era que Home Shopping Network ganaría más sin los bienes de las emisoras que con ellos. (Las ganancias declaradas antes de impuestos serían aproximadamente de unos 8,6 millones de dólares más después de la segregación —12,6 millones de dólares menos de gastos de intereses, que ahora constarían en los libros de Silver King, mientras que solo renunciaría a 4 millones de dólares de beneficios de explotación al escindirse de Silver King).

Por supuesto, teniendo en cuenta la enorme capacidad generadora de efectivo de las emisoras de televisión de HSN, este no era el modo correcto de analizar las cosas. Pero esa era la opinión de Home Shopping. Ellos creían que los inversores no estaban incluyendo el valor de las emisoras de TV en el precio de HSN. De hecho, considerando la carga de deuda asumida para adquirir las emisoras, los inversores pueden haber restado los elevados costes de intereses del valor de la acción, atribuyendo solo mérito a los 4 millones de dólares de beneficio de explotación y no al flujo de caja completo.

En su conjunto, la situación tenía todos los ingredientes propios de una excelente oportunidad. Sin duda, Silver King reunía las condiciones de una situación de *spinoff* poco seguida y malinterpretada. Silver King iba a cargar con más de 140 millones de dólares de deuda en su balance. El valor de la *spinoff* iba a ser pequeño con relación al valor de la participación de cada accionista en Home Shopping, con la esperanza de que para los accionistas fuera inapropiado o poco importante recibirlo. (Las condiciones de la *spinoff* eran de una por cada diez, lo que significa que por cada diez acciones que un accionista tuviera en Home Shopping Network, él o ella recibirían una acción de Silver King Communications). Además, Silver King pertenecía a un sector de actividad —el de las emisoras de televisión— diferente del de la venta detallista originalmente favorecido por los accionistas de la compañía matriz. Y, tal vez lo más importante, Silver King estaba ganando toneladas de dinero en efectivo, lo cual probablemente era desconocido para la mayoría de accionistas de Home Shopping, los que recibieron las acciones de Silver King,

Las oportunidades de inversión no terminaban allí. También merecía la pena echar un vistazo a la compañía matriz Home Shopping Network. Como un inversor que comprara acciones de HSN basándose en los beneficios declarados no estaba asignando mucho valor a los bienes de las emisoras, quizás las acciones de HSN no bajarían mucho después de ejecutada la *spinoff*. Si eso ocurría, el valor conjunto de HSN y la *spinoff* podría ser mayor que el precio de HSN previo a la citada *spinoff*. Incluso era posible que como las ganancias declaradas de Home Shopping subirían como consecuencia de la *spinoff*, las acciones de HSN se negociarían a un precio más alto sin los bienes de las emisoras que con ellos.

Antes de que lleguemos al resultado, una opinión rápida más. Siempre que una compañía matriz comunica la *spinoff* de una división que forma parte de un sector altamente regulado (como emisoras, seguros, o banca), es útil examinar detenidamente a la compañía matriz. La *spinoff* puede ser un preludio de una adquisición de la compañía matriz. Por supuesto, la *spinoff* puede ser simplemente una tentativa de liberar a la sociedad madre de las restricciones que acompañan a la propiedad de una entidad en un sector regulado. Sin embargo, las adquisiciones de compañías que poseen filiales muy reguladas son muy complejas y exigen mucho tiempo. Una razón (sobreentendida) para segregar una filial regulada puede ser la de conseguir que la compañía matriz sea más fácilmente vendible. En otros casos, la creación de un objetivo de adquisición más atractivo puede ser la consecuencia no intencionada de una *spinoff* de este tipo.

En el caso de Home Shopping, puede haber existido una cierta conexión entre la decisión de seguir la ruta de la *spinoff* y las conversaciones de fusión. En marzo de 1992, tan solo unos días después de que se suspendieran las conversaciones de fusión con su rival en el mercado de compras desde el hogar, QVC Network, Home Shopping anunció la *spinoff* de otra división, Precision Systems, una máquina de perder dinero de sistemas de procesamiento de llamadas. La comunicación de la *spinoff* de Silver King se produjo algunas semanas más tarde. En la época en que se cancelaron las conversaciones de fusión, algunos analistas especularon (en *The Wall Street Journal*) que QVC no deseaba adquirir estos negocios que le eran ajenos. Aunque había buenas razones de negocio para ambas *spinoffs,* aparte de hacer de HSN una diana de adquisición más atractiva, la realidad es que las *spinoffs* tuvieron el efecto de conseguir que HSN fuera una candidata a la adquisición más sencilla y atractiva.

De acuerdo, el resultado. En diciembre de 1992, incluso antes de la consumación de la operación de *spinoff*, Liberty Media (una *spinoff* de Tele-Communications, la compañía proveedora de televisión por cable más importante del país), firmó un acuerdo para adquirir el control de voto de Home Shopping de su fundador y mayor accionista Roy Speer. Unos días antes, Liberty también maniobró para hacerse con el control de QVC. La *spinoff* Silver King se programó para proceder tal como se había planeado originalmente, aunque Liberty había alcanzado ahora un acuerdo para la compra de participaciones de Speer de Silver King, sujeta a la aprobación de la Federal Communications Commission (FCC). Debido a la existencia de regulaciones que restringían la propiedad de emisoras por parte de los operadores de televisión por cable, el control definitivo de Silver King se mantuvo incierto. De hecho, en la víspera de la *spinoff*, Silver King comunicó que era poco probable que finalmente se permitiera a Liberty Media adquirir la participación en Silver King.

Fue en este entorno un tanto confuso y rápidamente cambiante que tuvo lugar la *spinoff* de Silver King en enero de 1993.La acción se cotizaba aproximadamente a 5 dólares en los cuatro meses siguientes a la consumación de la *spinoff*. Parecía una oportunidad tentadora. Aunque altamente apalancada (lo cual a veces es una ventaja para nosotros), un precio de 5 dólares por acción quería decir que Silver King todavía se estaba cotizando a menos de 5 veces el flujo de caja después de intereses e impuestos. Sin embargo, no quedaba claro cuál sería el futuro de Silver King.

En el pasado, las emisoras de televisión de Silver King habían recibido un porcentaje de las ventas de Home Shopping Network a cambio de emitir sus programas. ¿Qué pasaría si a Home Shopping Network ya no le hicieran falta las emisoras de Silver King para emitir sus programas? Liberty Media, la nueva accionista que controlaba HSN, tenía excelentes contactos en el sector de la televisión por cable. Tal vez los programas de HSN podrían emitirse directamente en emisoras de cable sin necesidad de utilizar las emisoras de Silver King. En ese caso, Silver King solo se quedaría con una red de emisoras de televisión ubicadas en mercados importantes que llegaba a 27,5 millones de hogares, lo cual tampoco parecía tan malo.

¿Qué sucedió? Después de unos pocos meses de negociarse en el rango de 5 dólares, la acción de Silver King ascendió al rango de cotización de entre los 10 y 20 dólares durante el año siguiente. Esto se debió en parte a la eliminación de la habitual presión vendedora que tiene lugar en la época inmediatamente posterior a la consumación de la *spinoff* y en parte a la especulación (comunicada en *The Wall Street Journal*) relativa a que Silver King estaba considerando unirse a otras compañías para constituir una quinta red de televisión. Varios años después, Barry Diller, un popular magnate de los medios, asumió el control de Silver King para utilizar la compañía como plataforma de su nuevo imperio de medios de comunicación. Desde luego yo no compré acciones de Silver King, previendo toda esta serie de acontecimientos. Sin embargo, la adquisición de un bien ignorado a un precio bajo dejaba mucho margen para que ocurrieran cosas positivas y para que, en última instancia, se reconociera el valor.

¡Oh sí! Home Shopping también tuvo un movimiento interesante de su precio después de la ejecución de la *spinoff*. El valor de la acción aumentó el día en que las acciones de la *spinoff* Silver King se distribuyeron a los accionistas de HSN. Habitualmente, cuando se hace una *spinoff* que vale 50 centavos por acción (una décima parte de una acción de Silver King que se vende a 5 dólares por acción) para los accionistas de la compañía matriz, las acciones de la compañía matriz deberían caer alrededor de cincuenta centavos el día del reparto. En cambio, la acción de Home Shopping subió veinticinco centavos. Si tú tenías acciones de Home Shopping Network el día anterior al reparto, el día inmediatamente después eras realmente recompensado por el privilegio de quitarte de encima las acciones de Silver King. El valor conjunto de la acción de Home Shopping Network y la de la escindida Silver King dio lugar en un solo día a un aumento del 12 por ciento para los accionistas de HSN. Independientemente de lo que puedan decir los académicos acerca de la eficiencia de la Bolsa, es evidente que todavía hay muchas oportunidades disponibles en forma de acciones con un precio fijado de forma ineficiente para los inversores que saben dónde hay que mirar.

Casi me olvidaba. ¿Te acuerdas de Precision Systems? Ya sabes, la fábrica de perder dinero de sistemas de procesamiento de llamadas que HSN segregó antes que Silver King. Aún estoy tratando de olvidar este tema. Nunca la analicé. Después de ser escindida y cotizarse la acción por debajo de 1 dólar durante varios meses, al cabo de un año la acción se negociaba a 5 dólares y luego se dobló su cotización a lo largo de los dos años siguientes. No se puede ganar siempre (aunque sería estupendo).

Los diez mandamientos

El cuarto mandamiento dice «Honrarás a tu padre y a tu madre». De ello se deduce que prestar atención a los padres es algo bueno. Casualmente, este mismo consejo también parece ser eficaz con las compañías matrices de las *spinoffs*. ¿Coincidencia? Creo que no.

Aunque en la situación de Home Shopping yo me sentía atraído por la compañía en parte debido a la *spinoff*, después de leer el artículo de *Smart Money* y de hacer un poco de trabajo de investigación decidí también comprar acciones de la compañía matriz, Home Shopping Network. El precio de compra de 5 dólares antes de la *spinoff* de Silver King se convirtió en un precio neto de 4,50 dólares por acción después de restar el valor de cotización inicial de Silver King. Al analizar la *spinoff*, destacaba el hecho de que la acción de la compañía matriz, Home Shopping Network, se estaba cotizando barata. Asimismo, al examinar las ventajas de invertir en Home Shopping estudié, con propósito de comparación, a su principal rival, QVC Network. Aunque percibía que la acción de Home Shopping era barata, daba la impresión de que QVC lo era aún más. Ambas acciones doblaron su cotización durante el año siguiente.

Aquí, la cuestión no es hablarte de más acciones ganadoras (créeme, yo también he tenido mi ración de acciones perdedoras). Lo importante es que al examinar una compañía matriz que está a punto de sufrir una complicada división pueden surgir algunas oportunidades bastante interesantes. Dicho esto, actuemos con rapidez.

✎ Estudio de caso
American Express / Lehman Brothers

En enero de 1994, en una maniobra ampliamente pregonada, American Express comunicó su intención de segregar su filial Lehman Brothers como compañía independiente. La *spinoff* Lehman Brothers estaba compuesta en realidad por los restos de una antigua alianza de bancos de inversión de Wall Street que American Express había adquirido al principio de la década de los ochenta. En el momento de la compra, bajo el liderazgo de un CEO anterior, la idea era convertir American Express en un «supermercado financiero». Como después de una década de intentarlo nadie podía determinar lo que esto significaba, el consejo de American Express había decidido escindir los restos de Lehman Brothers para los accionistas. Cuando la documentación adecuada estuvo preparada en abril de 1994, decidí analizar más detenidamente a la «nueva» Lehman Brothers.

De acuerdo con la documentación y los extensos artículos periodísticos, Lehman Brothers tenía los mayores gastos por cada dólar de ingresos en el sector de inversiones, había perdido dinero en el último año y tenía tras de sí una historia de beneficios extremadamente volátiles. Además, las personas clave de dentro de la compañía, aunque excelentemente retribuidas por lo que respecta a salarios y primas, tenían relativamente pocas participaciones en acciones en la nueva *spinoff*. En la mayoría de compañías, y especialmente en Wall Street, los empleados actúan para maximizar sus remuneraciones. La mayor parte del patrimonio de los altos ejecutivos de Lehman no estaba vinculada a la suerte de las acciones de Lehman. Mi traducción: había bastantes posibilidades de que cuando llegara el momento de repartir beneficios entre empleados y accionistas, los accionistas fueran los perdedores. (Ya conoces la rutina: dos para mí —uno para ti, uno para ti— dos para mí, etcétera). A menos o hasta que Lehman se negociara con un gran descuento respecto al valor contable y a otras firmas de inversión, yo no iba a estar muy interesado.

No obstante, algo más me llamó la atención. Según las informaciones de la prensa, uno de los problemas con American Express había sido que los grandes inversores institucionales no tenían ni idea de cuales iban a ser las ganancias para cualquier período concreto. El principal responsable de este desconocimiento era el historial de volatilidad de las ganancias de Lehman. Lo único que Wall Street odia más que las malas noticias es la incertidumbre. La superación del problema de unas ganancias impredecibles era precisamente el objetivo de la *spinoff* de Lehman. Esta era también la argumentación que sustentaba la venta previa de American Express de su filial Shearson. Después de la *spinoff*, American Expresss quedaría reducida a dos negocios principales y ambos parecían ser menos volátiles que Lehman.

El primer negocio, catalogado por American Express como «Servicios Relacionados con Viajes» incluía la popular tarjeta de crédito y la agencia de viajes mayor del mundo, así como el negocio de los cheques de viajero. Bajo la dirección del nuevo CEO, el plan era concentrar y desarrollar esas franquicias esenciales. Aunque la competencia de Visa y MasterCard había erosionado parte del negocio de American Express a lo largo de los últimos años, daba la impresión de que gran parte del problema se debía a la falta de atención de la dirección. Indudablemente, el nuevo foco de atención se centraría en los negocios básicos. Como el principal producto de American Express era una tarjeta de crédito que obligaba al pago total de la deuda cada mes, sus ingresos estaban basados en gran medida en las cuotas pagadas por los titulares de las tarjetas y los comerciantes. Esto parecía más atractivo que el negocio de tarjetas de crédito habituales que exigía asumir un riesgo crediticio mayor. En resumen, American Express parecía tener un nicho en la gama alta del mercado con una franquicia y una marca que era muy difícil, si no imposible, de duplicar.

El segundo negocio Investors Diversified Services (IDS) había estado aumentando sus ganancias a razón de un 20 por ciento al año durante casi diez años. Este negocio constaba de un grupo de planificadores financieros a escala nacional que suministraban a sus clientes planes globales de inversión y seguros basados en las necesidades individuales de dichos clientes. Los planificadores solían recomendar y vender muchos de los productos de la propia compañía, como rentas vitalicias y fondos de inversión. Como el negocio de la planificación financiera está poco regulado y está dominado por profesionales individuales o pequeños grupos, IDS (actualmente American Express Advisors) podía ofrecer la comodidad, los recursos y la profundidad de productos financieros que no se encontraban con facilidad en otras organizaciones. Esta capacidad de ofrecer todos los servicios en un solo paquete había permitido a IDS el crecimiento de los activos bajo su gestión a una tasa muy alta. Sus ingresos procedían en gran medida de las cuotas anuales generadas por los productos de inversión y seguros vendidos a sus clientes. La conclusión era que IDS también parecía un negocio nicho valioso y con un rápido crecimiento.

Lo interesante fue que durante varios meses antes de la *spinoff* de Lehman Brothers en mayo de 1994, se podían comprar acciones de American Express a un precio de 29 dólares por acción o menos. Este precio incluía el valor estimado en la prensa de la *spinoff* Lehman de 3 a 5 dólares por acción de American Express. Esto quería decir que la «nueva» American Express *post-spinoff* estaba siendo creada a un precio de entre 24 y 26 dólares por acción. Teniendo en cuenta que las estimaciones publicadas eran que American Express ganaría aproximadamente 2,65 dólares por acción en 1994, ya sin Lehman Brothers, la consecuencia sería un precio de compra inferior a 10 veces las ganancias.

Un vistazo (en *Value Line*) a las grandes compañías de tarjetas de crédito nos mostraba que su PER promedio se situaba entre 13 y 16. Aunque yo no estaba muy seguro de que esta fuera una comparación perfecta, parecía que la cotización de American Express podía estar entre un 30 y un 40 por ciento demasiado baja. Aunque bajo la anterior dirección el negocio principal de tarjetas de crédito había sufrido algunos reveses, el nuevo enfoque centrado en la irreemplazable marca de American Express y el nicho de mercado de gama alta me daba una cierta tranquilidad. Asimismo, tal como se ha mencionado previamente, la característica esencial del negocio de tarjetas de débito y de los negocios relacionados basada en el cobro de cuotas parecía más atractiva que los mayores riesgos crediticios asumidos por las compañías habituales de tarjetas de crédito que yo utilizaba a efectos de comparación.

Sin duda, IDS, que suponía aproximadamente el 30 por ciento de los beneficios de American Express, daba la impresión de ser un negocio que valía mucho más que solamente 10 veces las ganancias. Después de crecer a un ritmo de un 20 por ciento al año durante un período de tiempo tan prolongado y de tener una corriente de beneficios regular procedentes de los activos bajo su gestión, comprar este negocio a un enorme descuento del múltiplo de mercado (de entre catorce y quince) parecía una ganga. Aunque American Express también poseía un banco internacional (que muy probablemente valdría tan solo diez veces las ganancias), este suponía menos del 10 por ciento de sus beneficios totales.

La conclusión era la siguiente: A menos de diez veces las ganancias, American Express parecía una compañía muy barata. Una vez eliminadas del paisaje las confusas y volátiles ganancias de Lehman, pensé que esta conclusión también sería obvia para otros inversores. La única cuestión a plantearse era que, puesto que no estaba interesado en Lehman, ¿debería comprar acciones de American Express, antes o después de que se hubiera completado la *spinoff*?

Por regla general, aunque los inversores institucionales se sientan atraídos por una compañía matriz por el hecho de que se vaya a segregar un negocio no deseable, esperarán hasta después de que se haya completado la *spinoff* para adquirir acciones de la compañía matriz. Esta práctica libera a la institución de tener que vender las acciones de la *spinoff* no deseada y elimina el riesgo de que la operación de escisión no se complete. A menudo, la compra institucional de acciones de la compañía matriz inmediatamente después de una *spinoff* suele impulsar el precio al alza. Si la compañía matriz parece una inversión atractiva, esa es la razón de que usualmente merezca la pena comprar acciones de la compañía matriz antes de que la *spinoff* tenga lugar. Aunque es un poco más problemático «crear» la compra de la ganga mediante la compra de acciones de la compañía matriz antes de que se haya completado la *spinoff*, el esfuerzo adicional suele merecer la pena —aunque no se obtenga un gran precio cuando se vendan las acciones de la *spinoff*.

En el caso de Lehman, como yo estaba contento de «crear» la acción de American Express a un precio de entre 24 y 26 dólares, fue una decisión fácil comprarla a 29 dólares antes de la *spinoff*. Las acciones de Lehman, que al final acabé manteniendo (odio vender *spinoffs*), comenzaron cotizándose a unos 18,50 dólares por acción. (Como se repartió una acción de Lehman por cada cinco acciones que se tuvieran de American Express, esto resultaba en un valor de 3,75 dólares por acción de American Express). Las acciones de American Express subieron 1 punto y cinco octavos el primer día de cotización después del reparto de Lehman, así que la compra antes de la *spinoff* fue una buena decisión. También fue una buena decisión pensando en el largo plazo. American Express avanzó hasta los 36 dólares por acción a lo largo del primer año siguiente a la *spinoff* con un aumento de más del 40 por ciento en un solo año.

A propósito, algo más de seis meses después de la *spinoff*, Warren Buffett anunció que había adquirido un poco menos del 10 por ciento de American Express. Aparentemente, la *spinoff* y la venta de negocios no relacionados habían desenmascarado a American Express para ser una compañía «Warren Buffett» —una oportunidad convincente con una marca potente y un nicho de mercado atractivo.

Spinoffs parciales

Nunca me ha gustado esforzarme demasiado para entender una inversión. Por tanto, si una inversión potencial es excesivamente complicada o difícil de entender prefiero esquivarla y encontrar algo más fácil de descifrar. Esta es la razón de que el siguiente campo, el de las *spinoffs* parciales, sea tan atractivo para mí. Esta es un área en la que la puesta al día de las habilidades de cálculo aritmético de primer curso (especialmente la resta) es la clave del éxito.

En una operación de *spinoff* parcial, una compañía decide escindir o vender solamente una parte de una de sus divisiones. En lugar de repartir el 100 por cien de la propiedad de la división a sus accionistas, solo distribuye una parte de las acciones de la división a los accionistas de la compañía matriz o bien las vende al público en general. Por ejemplo, si la compañía XYZ distribuye el 20 por ciento de sus intereses en la división Widget a sus accionistas, el 20 por ciento de las acciones en circulación se negociarán públicamente, mientras que el restante 80 por ciento seguirá en poder de XYZ.

Las compañías pueden perseguir una estrategia de *spinoff* parcial por diversas razones. Algunas veces una compañía puede tener la necesidad de recaudar capital. La escisión de parte de una división mientras se mantiene al mismo tiempo el control de la dirección y gestión puede ser una opción atractiva. En otras ocasiones, la motivación de una *spinoff* parcial es subrayar ante el mercado el auténtico valor de una división concreta. Su valor puede estar enmascarado cuando queda enterrado entre otros negocios de la compañía matriz. Un precio de la acción separado permite que los inversores valoren la división de forma independiente. También permite que la compensación por incentivos para los directivos de la división esté basada directamente en el rendimiento específico de dicha división.

Los beneficios de investigar las *spinoffs* parciales son de dos tipos. El primero, en el caso de que las acciones de la *spinoff* parcial se distribuyan directamente a los accionistas de la compañía matriz, las acciones de la *spinoff* deberían rendir bien por la mayoría de las mismas razones de que lo hagan en las *spinoffs* al 100 por cien. En el caso en el que una parte de una división se vende directamente al público a través de una oferta pública inicial de acciones (OPI), es probable que tu oportunidad no sea tan buena. Esto se debe a que a las personas que adquieren las acciones en la oferta pública inicial no se les entregan las acciones que no desean. Por tanto, no es probable que se produzca un precio deprimido como consecuencia de una venta indiscriminada.

Tu segunda oportunidad procede de otra cosa. Ahora es cuando se ponen en funcionamiento tus habilidades de cálculo matemático de primer curso. Una vez que las acciones de la *spinoff* parcial se cotizan públicamente en la Bolsa, el mercado ya ha valorado eficazmente la división segregada. Si la división Widget de la compañía XYZ tiene 10 millones de acciones en circulación y 2 millones han sido vendidas al público por 20 dólares la acción, eso quiere decir que XYZ aún mantiene en propiedad 8 millones de acciones de Widget. El valor de dichas acciones resulta ser de 160 millones de dólares (8 millones de acciones multiplicado por 20 dólares la acción. De acuerdo, esto ya son matemáticas de segundo curso.

Ahora se produce tu segunda oportunidad. Cuando se hace este simple cálculo matemático, averiguas dos cosas. Por supuesto, conoces el valor de la participación del 80 por ciento de XYZ en Widget —160 millones de dólares. Sin embargo, también conoces el valor que el mercado asigna al resto de negocios de XYZ: valor de mercado de XYZ menos 160 millones de dólares. Veamos el procedimiento de cálculo: Si XYZ tiene un valor de mercado de 500 millones de dólares, y su participación del 80 por ciento en Widget es valorada por el mercado en 160 millones de dólares, esto resulta en un valor neto de 340 millones de dólares para el resto de negocios de XYZ.

✎ Estudio de caso
La parte más barata de Sears

En setiembre de 1992, Sears comunicó su intención de vender al público un 20 por ciento de participación en dos de sus filiales. La dirección de Sears había estado bajo presión durante años para que mejorara el precio de la acción. La opinión de Sears era que el valor de las dos filiales, Dean Witter (incluida Discover) y Allstate Insurance, no se reflejaba adecuadamente en la cotización de la acción de Sears. En el caso de Dean Witter, Sears también comunicó su intención de repartir directamente a los accionistas la participación del restante 80 por ciento en algún momento de 1993.

¿Por qué era esto interesante? Después de todo, antes del anuncio, Sears eran un conglomerado que poseía Dean Witter, Allstate y la popular cadena de grandes almacenes. No era ningún secreto que Sears había sido propietario de todos estos negocios durante años. Sears era ampliamente seguido por los analistas de Wall Street. Así pues, ¿por qué de repente era una oportunidad interesante? Sears estaba simplemente repartiendo o vendiendo negocios que ya poseía.

La respuesta es que Sears no solamente iba a destacar el valor de mercado de Dean Witter y Allstate —a través de la cotización en el mercado bursátil de estas dos divisiones— sino que también iba a revelar algo más. Al tomar las cotización de Sears y restar el valor de mercado de sus participaciones remanentes en Dean Witter y Allstate, se podía calcular el valor de los restantes activos de Sears, principalmente de la red grandes almacenes. ¿Un gran negocio? Un negocio impresionante. Veamos por qué.

Sears vendió un 20 por ciento de su participación en DeanWitter en febrero de 1993. Sears manifestó su intención de segregar (a través de un reparto directo a los accionistas de Sears) su remanente 80 por ciento en los meses siguientes. A comienzos de junio, Sears vendió un 20 por ciento de su participación en Allstate por 25 dólares la acción. A principios de julio, justo antes del reparto de Sears del resto de su participación en Dean Witter, así estaban las cosas: la acción de Dean Witter se cotizaba aproximadamente a 37 dólares; la de Allstate, en el rango de los 29 dólares; y la de Sears, en el de los 54 dólares.

Los cálculos matemáticos eran los siguientes. Sears había anunciado que distribuiría el restante 80 por ciento de su participación en Dean Witter. De acuerdo con el anuncio, esto significaba que, por cada 100 acciones de Sears se repartirían a los accionistas 40 acciones de Dean Witter. (Sears estaba distribuyendo 136 millones de acciones de Dean Witter y tenía aproximadamente 340 millones de acciones en circulación, por tanto, el ratio de distribución era de 136/340 o 0,4). Así, a mediados de julio, cada accionista de Sears recibiría acciones de Dean Witter por un valor aproximado de 0,4 (el ratio de distribución anunciado) multiplicado por 37 (la cotización de la acción de Dean Witter), o aproximadamente 15 dólares en acciones de Dean Witter por cada acción poseída de Sears.

Puesto que Sears se estaba cotizando a 54 dólares por acción antes del reparto, esto se traducía a un precio neto de 39 dólares para el resto de Sears. ¿Cuál era el resto? Básicamente era el 80 por ciento de participación en Allstate, su negocio nacional e internacional de grandes almacenes, y diversos negocios inmobiliarios (incluyendo Coldwell Banker). Sin embargo, también sabíamos algo más: el valor de mercado del 80 por ciento de participación de Sears en Allstate.

Sears poseía aproximadamente 340 millones de acciones de Allstate. La propia Sears también tenía 340 millones de acciones en circulación. Esto quería decir que si tenías una acción de Sears también poseías indirectamente una acción de Allstate. Con Allstate cotizándose a 29 dólares, por unos 10 dólares por acción (39 dólares de cotización [Allstate, grandes almacenes y negocios inmobiliarios] menos 29 dólares de cotización de Allstate) estabas obteniendo el negocio nacional e internacional de grandes almacenes y el negocio inmobiliario: ¿se trataba de una oportunidad?

Michael Price, un conocido gestor de fondos de inversión, sin duda así lo creyó. En una entrevista en *Barron's* expuso el tema abiertamente:

Esos 54 dólares por acción incluyen una acción de Allstate, que se cotiza a 28 dólares. Esto nos deja 26 dólares. Luego tenemos 0,4 acciones de Dean Witter, que son unos 15 dólares. Así pues, nos quedan de 10 a 11 dólares. Unos 2-3 dólares de esta cantidad son de Sears México y Sears Canadá. Nos quedan ahora 8 dólares. El precio de la acción de Coldwell Banker vale entre 2 y 3 dólares. Nos quedan 5 dólares por acción, o una capitalización de mercado aproximada de 1.500 millones de dólares para el negocio del comercio minorista —con unas ventas de 27.000 millones de dólares. La nueva dirección parece estar muy focalizada. Es un negocio detallista casi sin deudas y con unas enormes oportunidades inmobiliarias.

Ya he comentado antes que nunca me ha gustado trabajar mucho para entender una inversión. Una rápida revisión puso de manifiesto que en efecto Price tenía razón. Las acciones de Sears estaban baratas. Con unas ventas de 27.000 millones de dólares y 340 millones de acciones en circulación, Sears tenía unas ventas por acción de 70 dólares. Si estas ventas podían adquirirse por 5 dólares por acción (prácticamente libres de deuda), entonces esto resultaba en un precio de compra que representaba un 6 por ciento de las ventas (5 dividido por 79 y multiplicado por 100). Por otra parte, un vistazo a J.C. Penney mostraba unas ventas por acción de aproximadamente 78 dólares y un precio de mercado de 44 dólares por acción —lo que significaba un 56 por ciento de las ventas. Por supuesto, hay muchos otros indicadores del valor relativo (por ejemplo, las ganancias), pero todo apuntaba a que el negocio del comercio minorista nacional de Sears podía crearse a un precio increíblemente barato.

Aunque yo soy un firme defensor de que sea uno mismo el que haga su propio trabajo, esto no quiere decir que esté en contra de «robar» las ideas de otras personas. Hay un mundo muy grande ahí afuera. No se puede empezar cubriéndolo todo por ti mismo. Esa es la razón de que si lees algo sobre una situación de inversión que cae dentro de las categorías cubiertas en este libro, suele ser productivo hacer un análisis más detallado. Si la lógica de la situación es convincente o el consejo procede de una corta lista de expertos fiables (que serán citados más adelante), el «robo» puede ser una práctica rentable.

Por supuesto, «robo» se refiere a una idea (técnicamente, sin el uso de una fuerza mortífera). Lamentablemente, sigue siendo necesario que hagas los deberes. En el caso de Sears, además del artículo de *Barron's*, Michael Price concedió una entrevista sobre el mismo tema a la revista *Fortune* a mediados de junio. Así pues, aunque no hayas seguido la historia de la *spinoff* de Sears durante los muchos meses en que apareció en la prensa económica —o bien seguiste la historia pero dejaste de lado hacer los cálculos tu mismo— surgieron por lo menos dos oportunidades ampliamente disponibles para piratear una buena idea. Si conoces los tipos de situación que estás buscando, por ejemplo, *spinoffs* parciales, estos tipos de oportunidades son mucho más fáciles de detectar.

La compra de valores de Sears también resultó bastante bien (trataremos de algunos valores perdedores más adelante). Después del reparto de Dean Witter, la inversión restante en Sears de 39 dólares subió un 50 por ciento a lo largo de los siguientes meses. La acción de Allstate subió solamente de 29 a 33 dólares durante este período. Evidentemente, al final el mercado se dio cuenta del valor intrínseco de los otros activos de Sears.

(Para los alumnos más aventajados: sí, era posible comprar simultáneamente valores de Sears y de Allstate, creando solamente la parte Sears que era claramente una oportunidad. En algunos casos, esta es

TÚ PUEDES SER UN GENIO DE LA BOLSA

una forma inteligente de jugar, especialmente cuando el valor de la parte barata —la compra de una red de grandes almacenes a 5 dólares por acción— es una pequeña parte del precio de adquisición: 39 dólares, después del reparto de Dean Witter. Sin embargo, en este caso, la disparidad existente entre la ganga del precio de compra del segmento del gran almacén y el verdadero valor era tan enorme que no era necesario emplear tácticas tan sofisticadas).

Consejos de las personas clave de dentro: Una guía de «hágalo usted mismo»

Los expertos de dentro. Ya he mencionado que mirar lo que hacen las personas clave de dentro de la compañía es un buen medio para encontrar oportunidades de *spinoff* atractivas. La idea es que si estas personas clave tienen una gran cantidad de acciones o de opciones sobre acciones, sus intereses y los intereses de los accionistas estarán estrechamente alineados. No obstante, ¿sabías que hay ocasiones en que dichas personas pueden beneficiarse cuando una *spinoff* se cotiza a un precio bajo? ¿Sabías que hay algunas ocasiones en las que dichas personas obtendrán un beneficio cuando tú no compres acciones de una nueva *spinoff*? ¿Sabías que puedes obtener un gran provecho si detectas estas situaciones? Bien, todo ello es cierto.

Las *spinoffs* son un animal único. En el caso habitual, cuando una compañía efectúa una oferta pública de acciones tiene lugar una compleja negociación. La empresa colocadora (la firma de inversiones que lleva a una compañía determinada a cotizar en Bolsa) y los propietarios de la compañía entablan un debate sobre el precio al que se debería vender la acción de la compañía en esta oferta inicial. Aunque el precio se ha fijado basándose en factores de mercado, en la mayoría de los casos está implicado un buen grado de subjetividad. Los propietarios de la compañía desean que las acciones se vendan a un precio elevado para que se recaude la mayor cantidad de dinero posible. La empresa colocadora suele preferir un precio más bajo, para que los inversores que compren los valores en la oferta puedan ganar algún dinero. (De esa forma, la siguiente emisión de acciones que ellos coloquen será más fácil de vender). En cualquier caso, tiene lugar una negociación y se fija un precio, lo cual no ocurre en una situación de *spinoff*.

En cambio, las acciones de una *spinoff* se distribuyen directamente a los accionistas de la compañía matriz y la determinación del precio de la acción de la *spinoff* se deja a las fuerzas del mercado. A menudo, el plan de incentivos de opciones sobre acciones para los directivos está basado en este precio de cotización inicial. Cuánto más bajo sea el precio de la acción de la *spinoff*, menor será el precio de ejercicio de la opción sobre la acción que se ofrece como incentivo. (Por ejemplo, si la acción de una *spinoff* se cotiza inicialmente a 5 dólares, los directivos reciben el derecho a comprar acciones a 5 dólares cada una; un precio inicial de 8 dólares obligaría a los directivos a pagar 8 dólares por sus acciones). En estas situaciones, beneficia a los directivos promocionar el interés en la acción de la *spinoff* después de que este precio se haya fijado en el mercado, no antes.

En otras palabras, no esperes pronunciamientos bajistas ni presentaciones sobre una nueva *spinoff* hasta que se haya fijado un precio para las opciones sobre acciones de los directivos en concepto de incentivos. Este precio puede fijarse tras un día de cotización, una semana, un mes, o más. A veces, el silencio de la dirección acerca de los méritos de una nueva *spinoff* puede no ser una mala noticia; en algunos casos este silencio puede ser realmente una señal excelente. Si te sientes atraído por una situación de *spinoff* concreta, puede ser útil revisar los documentos presentados a la SEC para encontrar información sobre cuándo se va a fijar el precio de las opciones sobre acciones de los directivos. En una situación en la que el paquete de opciones de los directivos sea sustancial, puede ser una buena idea establecer una parte de tu posición de acciones antes de que la dirección esté incentivada para empezar a promocionar las acciones de la nueva *spinoff*. Al final, la dirección y los accionistas estarán jugando en el mismo equipo, pero es útil saber cuándo empieza el «partido».

Hay muy pocas áreas de inversión donde las personas clave de dentro tengan un control tan unilateral en la creación de una nueva compañía cotizada en Bolsa. A causa de esta cualidad única, el análisis de las acciones y motivos de dichas personas en situaciones de *spinoff* es especialmente provechoso. Como todos los accionistas de una compañía matriz reciben acciones de una nueva *spinoff* o tienen el mismo derecho a comprar acciones, hay pocos problemas de equidad o imparcialidad que puedan surgir cuando se dividen activos y pasivos entre la compañía matriz y la *spinoff*. Sin embargo, hay formas en que las personas claves de dentro pueden utilizar su capacidad relativamente desactivada para fijar la estructura y condiciones de una *spinoff* en su beneficio. Por supuesto, al focalizarte en los motivos de la dirección y otras personas clave de dentro tú puedes convertir esta ventaja para dichas personas en una ventaja para ti. Esto es especialmente aplicable cuando se trata de analizar este siguiente método de establecer una nueva compañía *spinoff*.

Compra todos los derechos

Ocasionalmente, en lugar de repartir simplemente las acciones de una *spinoff* entre los accionistas de forma gratuita, una compañía matriz puede otorgar a sus accionistas el derecho de comprar acciones en una de sus filiales o divisiones. Una forma de lograr esto es a través de la llamada *oferta de derechos de compra de acciones a los accionistas*. La mayor parte de las ofertas, por lo menos las del tipo con las que los inversores están más familiarizados, no implican operaciones de *spinoff*. Sin embargo, en las raras ocasiones en las que una oferta de derechos es utilizada para efectuar una *spinoff*, merece la pena prestar muchísima atención. ¿Por qué? Vamos, a estas alturas deberías saberlo. (¡Oh, muy bien! —silencio— porque puedes ganar mucho dinero).

Una oferta de derechos de compra de acciones a los accionistas se utiliza sobre todo cuando una compañía persigue recaudar capital adicional. Habitualmente, los derechos se reparten a los accionistas actuales de la compañía. Estos derechos, junto a efectivo y valores, permiten a los accionistas adquirir acciones adicionales (en general, con un descuento sobre el precio de mercado actual). Al conceder a los accionistas el derecho (pero no la obligación) de comprar acciones a un precio con descuento, la compañía puede recaudar el capital necesario a la vez que ofrece a todos los accionistas la misma posibilidad de adquirir las acciones recién emitidas. Si los accionistas actuales deciden participar y ejercer su derecho de adquisición de acciones adicionales, sus intereses no quedarán diluidos por la venta de nuevas acciones a un precio bajo por parte de la compañía. Por otra parte, si los accionistas no desean adquirir acciones adicionales, suelen poder vender en el mercado abierto los derechos que han recibido para comprar acciones con un descuento sobre el precio del mercado. Los derechos que no son ejercidos ni vendidos expiran sin valor al cabo de un período de tiempo establecido.

Las ofertas de derechos también son infelizmente familiares para los propietarios de fondos de inversión cerrados. Los fondos de inversión cerrados, ya sean de acciones o de bonos, son como los fondos de inversión habituales excepto en que la cantidad de participaciones emitidas del fondo es fija (por ejemplo, 20 millones de participaciones se venden a 10 dólares la participación en una oferta pública y esos 20 millones de participaciones se compran y se venden como si fueran acciones ordinarias). Una forma de que un fondo de inversión cerrado recaude capital adicional (y, por tanto, aumenten las comisiones de asesoría de los gestores del fondo) es emitir más participaciones a través de una oferta de derechos. Por norma general, solo el gestor del fondo de inversión cerrado se aprovecha de este tipo de oferta de derechos.

Veamos ahora los aspectos positivos. Cuando se trata de *spinoffs*, las ofertas de derechos de compra de acciones para los accionistas pueden ser una enorme oportunidad para inversores emprendedores como tú. Las ofertas de derechos son poco claras y a menudo confusas. Añádele la negligencia y el desinterés que muestran la mayoría de inversores institucionales hacia las *spinoffs*, y el resultado es una combinación explosiva. En general, una compañía matriz repartirá a sus accionistas derechos (gratuitos) de compra de acciones en una *spinoff*. Los titulares de los derechos tendrán entonces el derecho a adquirir acciones en la *spinoff* a lo largo de los siguientes treinta o sesenta días a un precio fijo en dólares o por una cantidad especificada de otros valores. Los derechos suelen ser transferibles, lo cual significa que los accionistas que no deseen adquirir acciones de la *spinoff* pueden vender sus derechos en el mercado abierto y los inversores que no son accionistas de la compañía matriz pueden participar en la oferta de derechos a través de la compra de derechos en el mercado.

El plazo de tiempo, las condiciones y los detalles de cada oferta de derechos son diferentes. Lo que es importante recordar es lo siguiente: cuando leas algo acerca de una *spinoff* que vaya a llevarse a cabo a través de una oferta de derechos, deja de hacer lo que estés haciendo y echa un vistazo. (No te preocupes, son bastante raras). El hecho de observar ya te situará en un grupo de elite (aunque extraño), pero —más importante— estarás concentrando tus esfuerzos en un área incluso más potencialmente lucrativa que la de las *spinoffs* ordinarias. Tampoco tendrás que derrochar un esfuerzo excesivo. Antes de que te sumerjas en las complejidades de una situación concreta, un examen rápido de algunos aspectos superficiales de las ofertas de derechos y de los motivos de las personas clave de dentro conseguirá que te entusiasmes lo suficiente para hacer algo más de trabajo o para convencerte de que debes dedicar tu tiempo a otra cosa.

Así pues, ¿por qué la combinación de una *spinoff* con una oferta de derechos crea una oportunidad tan rentable? Después de todo, el elemento de oportunidad de una *spinoff* estándar —venta indiscriminada de las acciones no deseadas de la *spinoff* por parte de los accionistas de la compañía matriz— no está presente en una oferta de derechos. De hecho, en una oferta de derechos casi tiene lugar lo contrario. Los accionistas que utilizan sus derechos de adquisición de acciones están realmente tomando una decisión afirmativa de comprar acciones en la nueva *spinoff*. Incluso el elemento de oportunidad de una oferta de derechos estándar no está presente en esta situación. Al contrario que en la oferta de derechos habitual, los derechos no garantizan la compra de una ganga. Esto se debe a que en el momento de la oferta no se sabe si las acciones de la *spinoff* se cotizarán por encima o por debajo del precio de adquisición establecido en la oferta de derechos. Así pues, ¿de dónde procede la oportunidad de ganancias?

La respuesta se encuentra en la propia naturaleza de una oferta de derechos. Si la compañía matriz vende las acciones de una nueva *spinoff* a través de una oferta de derechos, es que ha decidido descartar otras alternativas. Estas alternativas podían haber incluido la venta de los negocios de la *spinoff* a otra compañía o la venta de la *spinoff* al público en general a través de una oferta pública de acciones —ambas opciones exigen que los directores de la compañía matriz, como fiduciarios, busquen el precio más alto posible para la venta de los activos de la *spinoff*—. No obstante, si la compañía matriz utiliza una oferta de derechos para vender la compañía *spinoff* a sus propios accionistas, no hay necesidad de perseguir el máximo precio posible. De hecho, la limitación de los compradores iniciales de la *spinoff* a los accionistas de la compañía matriz y a los inversores que adquieran derechos en el mercado abierto no suele ser la mejor manera de maximizar las ganancias procedentes de la venta de los negocios de la *spinoff*. Sin embargo, en una oferta de derechos, como todos los accionistas de la compañía matriz tienen la misma oportunidad de adquirir acciones de la *spinoff* —aunque se realice la venta de una ganga— los accionistas habrán sido tratados de forma justa y equitativa.

Aunque hay la tendencia general a que una *spinoff* sea ofrecida a un precio atractivo en una oferta de derechos (*nota:* los inversores que compran derechos en el mercado abierto deben añadir el precio de compra de los derechos al precio de oferta para determinar su coste total), el examen de la estructura de una oferta de derechos puede ofrecer importantes pistas adicionales. Un indicador de un precio de oferta de oportunidad es la inclusión de privilegios de sobresuscripción en una oferta de derechos. Los privilegios de sobresuscripción ofrecen a los inversores que compran acciones de una *spinoff* en la oferta de derechos el derecho a comprar acciones adicionales de la *spinoff* si la oferta de derechos no queda totalmente suscrita. Como los derechos son poco claros, exigen el pago de una contraprestación adicional y habitualmente se cotizan sin liquidez por pequeñas sumas de dinero (con relación al valor de la compañía matriz), en muchas ocasiones los titulares de los derechos no los ejercen ni los venden. En una situación en la que se repartan los derechos a adquirir 3.000.000 de acciones, pero donde los derechos a comprar 1.000.000 de acciones expiren sin ser utilizados, los privilegios de sobresuscripción permiten a aquellos titulares de derechos que compraron acciones en la oferta una oportunidad adicional de comprar a prorrateo el 1.000.000 de acciones que quedan por vender.

Las personas clave de dentro que deseen aumentar su porcentaje de participación en una nueva *spinoff* a un precio de ganga o muy económico pueden hacerlo mediante la inclusión de privilegios de sobresuscripción en la oferta de derechos. En determinados casos, dichas personas pueden verse obligadas a manifestar su intención de sobresuscripción de acciones de la nueva *spinoff* en los documentos presentados a la SEC. Las consecuencias de este tipo de divulgación son evidentes. Ten presente una cosa más. Cuando hay privilegios de sobresuscripción implicados, cuanto menos se publicite la oferta de derechos (y menor sea el precio de cotización de los derechos) menos probable será que los titulares de los derechos compren acciones en la oferta de derechos y mayor será la oportunidad de que las personas clave de dentro y los inversores emprendedores se hagan con acciones de la *spinoff* a un precio de ganga.

Aunque podríamos revisar otras formas en las que el proceso de ofertas de derechos puede resultar en grandes beneficios con la *spinoff*, es más importante recordar un sencillo concepto: independientemente de cómo se estructure una operación, si tú puedes determinar que hay en ella para las personas de dentro, habrás descubierto una de las claves más importantes para seleccionar las mejores oportunidades de *spinoff.* En el ejemplo siguiente —una de las operaciones de *spinoff* más complicadas y lucrativas de todos los tiempos— prácticamente el único medio de determinar qué estaba pasando era vigilando muy de cerca a las personas clave de dentro de la empresa.

De hecho, la *spinoff* estaba estructurada de una forma tan compleja y poco atractiva que me preguntaba si las personas clave de dentro la habían planificado realmente de esta manera. Aunque suelo tratar de evitar situaciones de inversión que sean difíciles de comprender, en este caso había buenas razones para hacer una excepción. Después de determinar que las personas clave tenían todos los motivos para esperar que yo no comprara acciones de la nueva *spinoff,* yo tenía todos los motivos para dedicar el tiempo y el esfuerzo necesarios para entender lo que estaba sucediendo.

Aunque esta situación puede ser demasiado compleja para la mayoría de inversores, ese no es el aspecto importante, ni siquiera para los expertos. El único aspecto que realmente debes tener en cuenta es este: no olvides revisar los motivos de las personas clave de dentro. Este punto debería manifestarse de forma potente y clara.

Así que veamos ahora cómo ganar dinero de verdad.

✎ Estudio de caso
Liberty Media / Tele-Communications

> *Pregunta:* ¿Cómo ganar 500 millones de dólares en menos de dos años?
>
> *Respuesta:* Empieza con 50 millones de dólares y pregunta a John Malone. Él lo consiguió.

John Malone, CEO de Tele-Communications, se benefició del proceso de *spinoff* para crear una situación que demostró ser una de las mayores oportunidades de *spinoff* de todos los tiempos. Cualquiera de los que participó en la oferta de derechos de Liberty Media, una *spinoff* de Tele-Communications, pudo ganar diez veces su inversión inicial en menos de dos años. Aunque todos los accionistas de Tele-Communications (TCI), la compañía matriz, gozaban de la misma oportunidad de participar en la oferta de derechos (y todo el mundo podía comprar esos mismos derechos), la oferta se diseñó ingeniosamente para crear el mayor potencial alcista para los participantes, mientras que a la vez se desanimaba a la mayoría de inversores a que se aprovecharan de la oportunidad.

Toda la *spinoff* fue estrechamente seguida por *The Wall Street Journal* (gran parte del seguimiento se reflejó en primera página) y, sin embargo, casi todos los miembros de la comunidad inversora pasaron por alto esta oportunidad de hacer una fortuna con rapidez. Es de esperar que la próxima vez que surja una oportunidad como esta pase de largo otra vez para todo el mundo —es decir, para todo el mundo, menos para ti—.

Toda esta coyuntura se inició en enero de 1990. Tele-Communications, la mayor compañía operadora de televisión por cable del país, anunció su intención preliminar de segregar sus activos de programación (como QVC y el Family Channel) y algunas de sus participaciones minoritarias en sistemas de televisión por cable —activos cuyo valor se estimaba en unos 3.000 millones de dólares—. Este anuncio se produjo como reacción a la presión permanente de Washington de reducir la influencia de los grandes operadores por cable, y en especial de Tele-Communications, sobre el sector del cable. Bajo el liderazgo de John Malone, Tele-Communications se había convertido en un gigante de su sector, ejerciendo un considerable poder, entre otros asuntos, en imponer qué proveedores de programas se incorporarían a sus sistemas de televisión por cable y bajo qué condiciones. Debido a sus dimensiones (casi el 25 por ciento de todos los hogares con cable), TCI se encontraba a menudo en la influyente posición de hacer triunfar o fracasar el lanzamiento de un nuevo canal de cable y, en algunos casos, utilizar su poder para adquirir participaciones de capital en nuevos canales. En respuesta a lo que se percibía como un estrecho control de Malone sobre el sector, una propuesta que se debatió a fondo en Washington consistió en legislar el límite de la capacidad de los operadores de sistemas por cable de poseer participaciones de capital en las empresas proveedoras de programas.

El deseo de declarado de la *spinoff* era aliviar parte de la presión ejercida por Washington y dotar a Tele-Communications de una mayor flexibilidad a través de la separación de los activos de programación de la compañía de sus controlados sistemas de televisión por cable. La otra razón manifestada para llevar a cabo la *spinoff* era más habitual: valor para el accionista. El deseo era que la *spinoff* destacara el valor de las participaciones de la compañía matriz en activos de programación y sus participaciones minoritarias en otros sistemas de cable. Se pensaba que dichas participaciones estaban perdidas en medio de la gran cartera de propiedades de cable de TCI.

En marzo de 1990, *The Wall Street Journal* ofreció una nueva noticia. En lugar de proceder con una *spinoff* típica, Tele-Communications había decidido utilizar una oferta de derechos para llevar a cabo la *spinoff* de sus activos de programación y otras propiedades de cable. Los accionistas recibirían unos derechos que les autorizaban a cambiar algunas de sus acciones de TCI por participaciones en la nueva compañía. La oferta de derechos se seleccionó básicamente por razones fiscales. (Si una oferta de derechos está estructurada correctamente, los accionistas solo están gravados fiscalmente sobre la base del valor de los derechos recibidos).

La comunicación de marzo también reveló algo más. La *spinoff* no tendría las dimensiones que se habían sugerido inicialmente. TCI ya no preveía segregar su participación de 1.000 millones de dólares en Turner Broadcasting. En octubre de 1990, poco antes de preparar los documentos preliminares para la SEC, la distribución del 50 por ciento de participación de Tele-Communications en Discovery Channel también se retiró de la mesa. El valor de la entidad a ser escindida se había encogido bastante por debajo del 50 por ciento de las expectativas originales. De hecho, la documentación para la SEC realizada en noviembre de 1990 y revisada en enero de 1991 ponía de manifiesto que el valor estimado de los activos a ser segregados en la nueva entidad, Liberty Media, se había reducido aproximadamente a 600 millones de dólares. Como TCI tenía una capitalización de mercado total de aproximadamente 15.000 millones de dólares (unos 6.000 millones de dólares de capital y 9.000 millones de dólares de deuda), el tamaño de la *spinoff* Liberty iba a representar una parte muy pequeña del total de Tele-Communications. En otras palabras, Liberty iba a ser una cuestión secundaria para la mayoría de inversores institucionales (y, potencialmente, una clásica oportunidad de *spinoff* para nosotros).

Según las informaciones de la prensa de enero de 1991, la cartera de activos de Liberty iba a incluir participaciones minoritarias en catorce franquicias de cable que atendían a 1,6 millones de suscriptores, y participaciones en otras veintiséis entidades, incluidos once canales deportivos regionales, así como participaciones minoritarias en The Family Channel, American Movie Classics, Black Entertainment Television, y el QVC Shopping Network. Tele-Communications estimaba que estos activos tenían un valor aproximado de 600 millones de dólares, divididos más o menos igualmente entre participaciones en cable y en programación. *The Wall Street Journal* informaba que «Liberty será una compañía mucho más pequeña de lo que algunos habían esperado, emitiendo solamente dos millones de acciones. Sobre una base totalmente diluida, Tele-Communications tenía 415 millones de acciones en circulación». Según este periódico, los analistas describieron el prospecto de casi 400 páginas como «una de las operaciones más complejas de su clase» y causa de confusión a los inversores. Debido a la exclusión de la participación de TCI en Turner Broadcasting y Discovery Channel, algunos analistas pensaron que «Liberty podía ser percibida como una inversión menos atractiva». *The Wall Street Journal* siguió informando, «sobre una base pro forma y para los últimos nueve meses que finalizaban el 30 de setiembre de 1990, Liberty comunicó unas pérdidas de 20,4 millones de dólares después de una obligación de pago de dividendos de acciones preferentes, y unas pérdidas de 9,77 dólares por acción».

En síntesis, el panorama de Liberty no animaba precisamente a entrar a muchos inversores. Por si esta descripción básica no fuera suficientemente desalentadora, todavía tenían que ocurrir muchas más cosas. Los accionistas de Tele-Communications iban a recibir un derecho transferible por cada 200 acciones poseídas. Cada derecho, junto con dieciséis acciones de Tele-Communications, podía intercambiarse por una acción de Liberty Media. (Los derechos vencían al cabo de treinta días). A un precio de 16 dólares por acción de TCI, esto se traducía en un precio de 256 dólares por acción de Liberty (dieciséis acciones de TCI a 16 dólares cada una). Como ya se ha mencionado, había aproximadamente 415 millones de acciones de TCI totalmente diluidas, una distribución de un derecho (a comprar una acción de Liberty) por cada 200 acciones que se tuvieran de TCI, lo cual se traducía en 2,1 millones de acciones a emitir de Liberty, aproximadamente.

Para una institución que poseía acciones de una corporación con más de 400 millones de acciones, una acción con una capitalización de solo 2 millones de acciones se consideraría en general no solo arriesgada e inadecuada, sino también demasiado ilíquida para ser incluida en su cartera. Un precio de más de 250 dólares por acción también se considera muy engorroso. Muy pocas instituciones estarían dispuestas a intercambiar una acción muy líquida con más de 400 millones de acciones en circulación por una pequeña suma de acciones muy ilíquidas. Una búsqueda a través de las documentación presentada a la SEC para encontrar una explicación al deseo de tener solamente 2 millones de acciones de Liberty en circulación a un precio de 256 dólares por acción —en contraposición a unas más habituales 20 millones de acciones a un precio aproximado de 26 dólares o 40 millones de acciones a un precio aproximado de 13 dólares— aclaraba lo siguiente: «las tasas de intercambio a las que las acciones de Liberty se emitirán a cambio de acciones de TCI fueron seleccionadas exclusivamente con el propósito de limitar la cantidad total de acciones ordinarias a emitir inicialmente de Liberty a un máximo de 2.000.000 de acciones. Las tasas de intercambio no pretenden ser un indicador del valor de las acciones de Liberty». Mi traducción es la siguiente: «seleccionamos 2.000.000 de acciones porque queríamos que las acciones de Liberty fueran poco atractivas para los accionistas de TCI».

¿Por qué digo esto? ¿Cuál era la ventaja de que Liberty diera la impresión de ser poco atractiva? En primer lugar, la oferta de derechos estaba estructurada para que la cantidad de acciones emitidas de Liberty fuera igual a la cantidad de derechos ejercidos. En otras palabras, si solo se ejercían 1 millón de derechos para adquirir acciones de Liberty, solo se emitirían 1 millón de acciones de Liberty —y no el máximo teórico de 2 millones de acciones, si todos los accionistas de TCI ejercieran su derecho de compra de acciones—. Una venta de 1 millón de acciones a cambio de acciones de TCI por valor de 256 dólares la acción de TCI sería igual a un precio de compra de 256 millones de dólares por todas las acciones ordinarias de Liberty Media (en lugar de un coste potencial de 512 millones de dólares en caso de que se hubieran adquirido los 2 millones de acciones totales). Puesto que Liberty seguiría poseyendo los mismos activos, independientemente de que se emitieran 1 millón o 2 millones de acciones ordinarias, cualquier persona interesada básicamente en el potencial al alza preferiría en gran medida dividir dicho potencial entre un menor número de acciones.

La operación tenía aún otro recodo. Cualquier acción ordinaria (la acción que da derecho a toda la valoración al alza del valor de Liberty) no vendida en la oferta de derechos sería reemplazada por acciones preferentes que serían propiedad de Tele-Communications. Como se ha mencionado, TCI estaba transfiriendo los mismos activos a Liberty independientemente de si se vendían acciones de Liberty por valor de 250 millones o de 500 millones de dólares, este déficit de 250 millones de dólares se iba a compensar mediante la emisión de 250 millones de dólares de acciones preferentes de Liberty a TCI. Las condiciones de las acciones preferentes a emitir eran muy ventajosas para Liberty. La conclusión era la siguiente: cuantos menos accionistas participaran en la oferta de Liberty, más impulso tendría el potencial al alza de las acciones de Liberty. Mejor aún, este impulso al alza no se conseguiría a través de la emisión de deuda sino a través de la emisión de acciones preferentes de bajo coste. Puesto que estas acciones preferentes exigían pagos no monetarios durante quince años, conllevaban una baja tasa del 6 por ciento, y un precio de rescate fijo (es decir, sin potencial al alza); este era sin duda un atractivo medio de conseguir los beneficios de impulso para las acciones ordinarias de Liberty, sin el riesgo de asumir deuda.

¿Qué estaban haciendo las personas clave de dentro en medio de toda esta confusión? En primer lugar, no estaban ofreciendo recomendaciones gratuitas. Según *The Wall Street Journal*, «los dos principales ejecutivos de Tele-Communications, Bob Magness y John Malone, habían informado a la compañía que ambos tenían actualmente la intención de ejercer por lo menos el 50 por ciento de sus derechos de intercambio». Sin duda, no se trataba de un respaldo entusiasta. Pero si analizabas con un poco más de detalle podías detectar la presencia de algunas pistas útiles.

En el prospecto publicado para la oferta de derechos, ubicado bajo el encabezamiento «Remuneración de los Ejecutivos» podía leerse la siguiente declaración: «De acuerdo con el contrato de trabajo del Dr. Malone, en lugar de una compensación dineraria por sus servicios a Liberty, se le otorgarán opciones no transferibles para adquirir 100.000 acciones de Liberty a un precio por acción igual a 256 dólares». Esto se traducía en una opción, que no incluía las acciones de Liberty compradas por Malone en la oferta de derechos, sobre acciones de Liberty por un valor de más de 25 millones de dólares. Como, de acuerdo con la misma documentación presentada a la SEC, Malone poseía aproximadamente acciones de TCI por valor de 50 millones de dólares, el éxito de Liberty iba a ser muy importante incluso para John Malone. Con 2 millones de acciones de Liberty emitidas, una opción sobre 100.000 acciones era lo mismo que una opción sobre el 5 por ciento del total de la compañía. Con 1 millón de acciones en circulación de Liberty, esto se traducía en una opción sobre el 10 por ciento del total de la compañía.

Analizando un poco más a fondo, Liberty no era una opción tan mala como aparecía en las informaciones de prensa. La pérdida pro forma de 9,77 dólares por acción para el período de los últimos nueve meses no explicaba la historia completa. Los beneficios (o ausencia de los mismos) que figuraban en los estados de cuentas pro forma incluían las operaciones de solo una parte muy pequeña de los activos de Liberty. Como el grueso de los activos de Liberty estaba compuesto por participaciones accionariales en otras compañías, los ingresos y los beneficios de la mayoría de dichas participaciones no estaban consolidados en la cuenta de resultados de Liberty. (Estas participaciones aparecían simplemente en el balance de situación de Liberty a precio de coste). Incluso la revista *Forbes* (que me gusta mucho leer) las pasó por alto. Citando el bajo nivel de ingresos y ganancias de Liberty (supongo que no leyeron la documentación presentada a la SEC), *Forbes* decía, «si eres accionista de TCI deja pasar el canje (intercambio de acciones de TCI por acciones de Liberty a través de la oferta de derechos). Si estás considerando la compra de acciones de Liberty... olvídate de ellas». Por tanto, aunque es magnífico leer publicaciones de negocios para encontrar nuevas ideas, es recomendable recordar la Regla n.º 1: haz tu mismo el trabajo. (Lo siento, pero este trabajo incluye por lo menos la lectura de los estados financieros pro forma).

Había otra cosa más acerca de Liberty que parecía muy interesante. Según el prospecto, la dirección de TCI tenía la «expectativa de que las acciones ordinarias de Liberty representaran inicialmente solo una participación de cualquier futuro crecimiento de Liberty». ¿Qué valía esto? Bien, veamos. Tele-Communications tenía aproximadamente 15.000 millones de dólares en activos de cable. Liberty iba a estar controlada por el mismo grupo de directivos de Tele-Communications. Liberty estaba estructurada como un vehículo de los proyectos de programación de TCI. Si John Malone iba a recibir una parte importante de las acciones de Liberty, tal vez TCI podría utilizar su considerable músculo para ayudar a la «pequeña» Liberty. Sin duda, un nuevo canal de cable podría beneficiarse de compartir con Liberty una parte de su capital. Tal vez esto ayudaría a las posibilidades del nuevo canal de ser incorporado a la inmensa red de cable de Tele-Communications. Tal vez Liberty podría poner en marcha sus propios canales de cable. Estos nuevos canales también tendrían una enorme ventaja inicial si se ponían a disposición de todos los suscriptores de TCI. Hmmm... ¿de cuántas maneras se podían compartir todas estas ventajas?

La respuesta era que dependía de cuántos accionistas de Tele-Communications decidieran utilizar sus derechos para intercambiar acciones de TCI por acciones de Liberty. Una información de prensa resumía el consenso general educadamente: «Los problemas de Liberty incluyen unas acciones ilíquidas, una estructura de activos y capital terriblemente complicada, y la ausencia de flujo de caja inicial de sus inversiones». Un analista de Bear Sterns añadía: «Consideramos que esta oferta tiene una atractivo muy limitado para la mayoría de gestores de fondos». Shearson Lehman declaraba que «renunciar a TCI para participar en Liberty, un valor extremadamente incierto con una liquidez limitada, no nos parece un negocio especialmente bueno a casi cualquier precio a la mayoría de inversores institucionales». No debería haber sido una sorpresa, entonces, que solo se ejerciera el 36 por ciento de los derechos aptos para comprar acciones de Liberty, lo que resultó en que de un total de 2 millones de posibles acciones de Liberty solamente se emitieran algo más de 700.000.

Los derechos de compra de acciones de Liberty por un valor de 256 dólares en acciones de TCI se negociaban libremente y podían haber sido adquiridos por cualquiera que así lo deseara durante un período de treinta días. Los derechos estaban disponibles a un precio inferior a 1 dólar por derecho, lo que significaba que el titular de 200 acciones de TCI (3.000 dólares en acciones de TCI) recibía un derecho cuyo valor era inferior a 1 dólar.

La mayoría de accionistas de TCI no ejercieron ni vendieron sus derechos. Por supuesto, los dos altos ejecutivos de Tele-Communications, Bob Magness y John Malone, acabaron ejerciendo todos sus derechos de compra de acciones de Liberty a pesar de todo. Junto a sus 100.000 opciones, Malone había sido capaz de mantener para sí una opción sobre cerca del 20 por ciento del total de Liberty, en comparación con su participación de menos del 2 por ciento en TCI. Aunque era el CEO de ambas sociedades, Malone estaba claramente incentivado a utilizar la notable influencia de TCI en el sector del cable para asegurarse de que Liberty prosperara. Entonces, todos los accionistas de TCI gozaban de la misma oportunidad de participar en el futuro de Liberty, aunque no fueran exactamente llevados de la mano.

Según *Multichannel News*, una publicación que cubre el sector del cable:

Los directivos de TCI esperaban que participara menos del 50 por ciento de las acciones cualificadas para ello. Pero cuando TCI reveló los detalles del plan, a Wall Street le disgustaron las acciones ilíquidas de Liberty, su complicada estructura de activos y capital y la falta de flujo de caja inicial.

John Malone, presidente de Liberty y presidente y CEO de TCI dijo que la falta de entusiasmo de Wall Street le era indiferente y no se sentía decepcionado por ello.

Aunque las reuniones de accionistas de Liberty se pueden celebrar «en una cabina telefónica», Malone dijo que al estructurar la operación, los ejecutivos de TCI se dieron cuenta de que no sería para todo el mundo.

«Las personas tienen que tomar sus propias decisiones», afirmaba Malone. «Puedes meterte en problemas convenciendo a la gente de que se meta en determinadas cosas».

Sin duda. Eso es lógico. Cuando multiplicas por diez tu inversión inicial en menos de dos años (para ser justos un resultado que ni el mismo Malone podía haber esperado), piensa en todos los horribles problemas fiscales que podías causar a unos inversores desprevenidos.

Menos de un año después de la oferta de derechos, Liberty desdobló sus acciones —veinte nuevas por cada una de las antiguas— y la mayor liquidez atrajo tanto a inversores institucionales como a analistas.

Spinoffs: un breve resumen

Antes de que dejemos el área *spinoff*, dediquemos un momento a revisar algunos aspectos destacados.

1. **En general, las *spinoffs* superan al mercado.**
2. **Escoger los candidatos y las circunstancias más favorables, dentro del universo *spinoff*, puede ofrecer unos resultados incluso mejores que los de la *spinoff* media.**
3. **Determinadas características señalan la presencia de una oportunidad de *spinoff* excepcional:**
   a. Las instituciones no quieren la *spinoff* por sí misma (y no por las cualidades de la propia inversión).
   b. Las personas clave de dentro de la compañía quieren la *spinoff*.
   c. Una oportunidad de inversión previamente oculta se desvela a través de la operación de *spinoff* (por ejemplo, unas acciones baratas, un gran negocio, una situación de riesgo/ recompensa equilibrada).

4. Se pueden localizar y analizar nuevos candidatos de *spinoff* a través de la lectura de la prensa económica y de la consulta de la documentación presentada a la SEC.
5. Prestar atención a la compañía matriz puede recompensar generosamente.
6. Las *spinoffs* parciales y las ofertas de derechos crean oportunidades de inversión únicas.
7. Oh, sí. Vigila a las personas clave de dentro de la compañía. (¿He mencionado esto antes?)

4

No pruebes esto en casa

Arbitraje de riesgo y *merger securities*
(pagos en activos ilíquidos a los accionistas
de una compañía adquirida)

Arbitraje de riesgo

El arbitraje de riesgo es el negocio de comprar acciones de una compañía que está sujeta a una anunciada adquisición o a una fusión por absorción. Contrariamente a la creencia popular (fomentada por las hazañas del infame arbitrajista Ivan Boesky y otros numerosos escándalos de tráfico ilegal de información privilegiada [*insider trading*]), el arbitraje de riesgo implica generalmente la compra de acciones después de haberse anunciado una fusión por absorción. En su forma más simple, la Compañía A comunica que ha acordado la adquisición de todas las acciones de la Compañía B a un precio de 40 dólares por acción. Antes del anuncio, la Compañía B se cotizaba a 25 dólares por acción; después del anuncio a 38 dólares, no al precio de adquisición propuesto por la Compañía A de 40 dólares. Un *arbitrajista de riesgo* (expresión sofisticada para designar a la persona que compra la acción a 38 dólares) intenta beneficiarse de esta discrepancia. Lejos de ser una operación sin riesgo, el arbitrajista está asumiendo dos riesgos.

El primero es que la operación puede no llevarse a cabo por diversas

97

razones, entre ellas problemas regulatorios, problemas financieros, cambios extraordinarios en el negocio de la compañía, descubrimientos durante el proceso de diligencia debida (*due diligence*) (si alguna vez te has comprado una vivienda, este es el tipo de inspección de la misma en el mundo de las fusiones por absorción), problemas de personalidad, o cualesquiera otras razones legalmente justificables que la gente utiliza cuando cambia de opinión. En el supuesto de que se rompa el acuerdo, las acciones de la Compañía B pueden caer al precio preacuerdo de 25 dólares o incluso menos, lo que resulta en grandes pérdidas para el arbitrajista. El segundo riesgo que el arbitrajista está asumiendo es el riesgo del *timing* (la especulación a la que accede un inversor cuando está tratando de comprar o vender una acción sobre la base de futuras predicciones de precio). En función del tipo de operación y sector implicados, las operaciones de fusión por absorción pueden llevar de uno a dieciocho meses para cerrarse. Parte del diferencial de 2 dólares obtenido por el arbitrajista es el pago por el valor del tiempo de desembolsar 38 dólares antes del cierre de la operación (cuando el comprador adquiere todas las acciones de la compañía B a 40 dólares). Una de las tareas del arbitrajista es evaluar el tiempo necesario para que la fusión por absorción se consume.

A lo largo de la última década, docenas de firmas y sociedades de inversión han entrado en el campo del arbitraje de riesgo, considerado en una época como un remanso del negocio de la compraventa de valores. Esto ha hecho del arbitraje de riesgo un negocio muy competitivo a pesar de la gran cantidad de fusiones por absorción. La capacidad de estas firmas de seguir permanentemente la evolución de las operaciones, pertrechadas con el asesoramiento antitrust, abogados especialistas en derecho bursátil y expertos en inversiones del sector de que se trate en cada momento, hace que este tipo de estrategia de inversión sea muy difícil para el individuo que opera desde su casa. Además, el grado de competencia mantiene a un nivel relativamente bajo el diferencial entre el precio de la acción y el precio de adquisición, lo que dificulta la obtención de beneficios ajustados por el riesgo.

¿Todavía quieres participar? ¿Piensas que solo estoy tratando de enfriar tu interés inicial? Tal vez los siguientes ejemplos te ayuden a ver las cosas a mi manera.

🖎 Estudio de caso
Florida Cypress Gardens / Harcourt Brace Jovanovich

Esta es una de las primeras operaciones en las que invertí cuando me establecí por mi cuenta. En abril de 1985, Harcourt Brace Jovanovich (HBJ), la compañía editorial y propietaria de Sea World, anunció que se había alcanzado un acuerdo de adquisición con Florida Cypress Gardens. Como yo tenía gratos recuerdos de mis visitas de niño a Cypress Gardens, la idea de comprar acciones de Florida Cypress Gardens me proporcionaba una cálida y difusa sensación en mi interior, además de ser una inversión en una compañía que conocía y entendía bien. De todos los parques temáticos, Cypress Gardens, con sus raros y exóticos jardines, sus itinerarios bellamente diseñados y sus espectaculares *shows* de esquí acuático, era un lugar único y especial. (Muy bien, entiéndeme —yo tenía solo siete años y aquí estoy tratando de contar una historia).

Bajo las condiciones del acuerdo de fusión por absorción, cada acción de Florida Cypress Gardens se intercambiaría por 0,16 acciones de Harcourt Brace. El acuerdo estaba sujeto a determinados requisitos, incluida la aprobación por parte de los accionistas de Florida Cypress Gardens. Se iba a celebrar una junta de accionistas unos tres meses después de la firma del acuerdo de fusión por absorción. Como el presidente de Cypress Gardens poseía el 44 por ciento de las acciones en circulación, no creí que la aprobación de los accionistas fuera un riesgo importante. Por parte de HBJ, el valor del acuerdo era tan pequeño con relación al tamaño de Harcourt Brace que ni siguiera hacía falta la votación de los accionistas.

La operación parecía tener sentido para los accionistas de Florida Cypress Gardens. Antes del anuncio del acuerdo, la acción se cotizaba a solo 4,50 dólares. Puesto que la acción de Harcourt Brace se cotizaba a 51,875 dólares, un precio de adquisición para Cypress Gardens de 0,16 dólares de una acción de HBJ, se traducía por un valor de compra de 8,30 dólares por acción (0,16 multiplicado por 51,875 dólares). Después del anuncio, las acciones de Cypress Gardens se incrementaron en 3 dólares por acción hasta los 7,50 dólares. Esto quería decir que incluso después de un espectacular aumento de valor del 66 por ciento (3 dólares de aumento sobre el precio original de 4,50 dólares), aún quedaba un considerable beneficio a realizar por los arbitrajistas. Un arbitrajista podía adquirir una acción de Cypress Gardens a 7,50 dólares, y si el acuerdo se cerraba ganar ochenta centavos por acción (el diferencial). Después de cerca de tres meses, cada acción adquirida a 7,50 dólares se intercambiaría por el valor de 8,30 dólares de la acción de HBJ. Un beneficio de ochenta centavos sobre una inversión de 7,50 dólares suponía una rentabilidad del 10,67 por ciento en un plazo de unos tres meses, o cerca de un 50 por ciento sobre una base anual acumulada ($1,1067 \times 1,1067 \times 1,1067 \times 1,1067$).

El único fallo de la ecuación era que el precio de adquisición de 8,30 dólares era pagadero en acciones, no en efectivo. Si las acciones de HBJ bajaban entre un 5 y un 10 por ciento durante los tres meses anteriores al cierre del acuerdo, el esperado beneficio de ochenta centavos podía verse reducido en gran medida o incluso totalmente suprimido. Para eliminar este riesgo, un arbitrajista podría vender en corto las acciones de HBJ al mismo tiempo que compraba acciones de Florida Cypress Gardens. La venta en corto de las acciones de HBJ implicaba tomar prestadas de un bróker acciones de HBJ y venderlas en el mercado abierto. Un inversor que vende acciones en corto tiene la obligación de reemplazar las acciones prestadas en una fecha posterior. Hay una antigua máxima de Wall Street que advierte: «quien vende lo que no es suyo debe recomprarlo o bien ir a la cárcel». Pero en el caso del arbitrajista funciona de una forma un poco diferente.

En general, un arbitrajista venderá en corto 0,16 de una acción de HBJ (recibiendo 8,30 dólares) por cada acción de Florida Cypress Gardens que adquiera a 7,50 dólares (por ejemplo, una venta de 800 acciones de HBJ por cada 5.000 acciones de Florida Cypress Gardens adquiridas). Cuando la fusión por absorción esté cerrada, los accionistas de Cypress Gardens recibirían 0,16 de una acción de HBJ a cambio de cada una de sus acciones de Cypress Gardens: un poseedor de 5.000 acciones de Cypress Gardens recibiría 800 acciones de HBJ. El arbitrajista reemplazaría entonces las acciones tomadas en préstamo de HBJ por las acciones recibidas de HBJ según el acuerdo de fusión. (Observa que él ha devuelto las acciones tomadas en préstamo pero, si el acuerdo se cierra, no tiene que recomprarlas). Después de que la fusión por absorción haya concluido satisfactoriamente, el arbitrajista no tiene una posición en acciones y sí tiene un beneficio de ochenta centavos (una rentabilidad anualizada del 50 por ciento) por cada acción adquirida de Florida Cypress Gardens.

Así pues, ¿dónde está la parte negativa? Todo esto parece magnífico, ¿de acuerdo? Bien, parece que hemos pasado por alto un pequeño detalle: el riesgo. Si el acuerdo no se completase, en lugar de una jugosa ganancia de ochenta centavos, se produciría una gravosa pérdida de 3 dólares (sobre una acción de 7,50 dólares). Si HBJ decidía en algún momento echarse atrás, tal vez fuera porque descubrió algo gravemente negativo en Cypress Gardens. Esto podría traducirse en un precio de cotización por debajo de 4,50 dólares y un riesgo mucho mayor que los 3 dólares por acción.

En esta situación, sin embargo, las posibilidades de que el acuerdo se desbaratase parecían mínimas. En primer lugar, la operación parecía totalmente lógica. Harcourt Brace poseía el parque temático Sea World en Orlando, no muy alejado de Cypress Gardens. Por consiguiente, HBJ estaba bastante familiarizada con la gestión de atracciones turísticas y, tal como se decía en algunas informaciones de prensa, parecía ser una oportunidad de venta cruzada de ambos negocios. En segundo lugar, no había riesgo financiero en el acuerdo. Harcourt Brace compraba Cypress Gardens con acciones ordinarias y, además, con relación a la dimensión de HBJ, Cypress Gardens eran una adquisición minúscula, un mero pitido en la pantalla del radar. Asimismo, no existían problemas regulatorios que yo pudiera observar. Sin duda, las consideraciones antimonopolio no parecían ser un factor relevante. Y, por último, tal como se ha mencionado antes, la única votación necesaria, la de los accionistas de Florida Cypress Gardens, estaba en el bote.

Así pues, ¿qué sucedió? Oh, poca cosa. Tan solo que unas pocas semanas antes de que el acuerdo estuviera programado para concluirse, Cypress Gardens cayó en una hondonada. Antes de que ocurriera esto, yo no tenía idea de lo que era una hondonada. (Aparentemente, en ciertas partes del país, el terreno forma de manera inesperada un enorme socavón). «Riesgo de hondonada» no era uno de los puntos de mi lista para determinar si había que invertir o no en una operación de fusión por absorción concreta. El periodista de *The Wall Street Journal* que, evidentemente no era accionista de Cypress Gardens, parecía encontrar algo de humor a esta situación. «Para Florida Cypress Gardens fue un día complicado», se leía en la primera línea del artículo. Al final resultó que «solamente» el pabellón principal había caído realmente en la hondonada. Según el presidente de la compañía «... se produjo algo de ruido y se podía observar que se había reventado la parte lateral de algunos bloques de cemento». De acuerdo con *The Wall Street Journal*,

Nadie resultó herido... pero la compañía dijo que la pérdida de utilización de la instalación probablemente tendrá como consecuencia «una reducción de los ingresos actuales, cuyo alcance a fecha de hoy todavía se desconoce».

La compañía también afirmó que su acuerdo preliminar para ser adquirida por Harcourt Brace Jovanovich Inc. podía verse afectado. Harán falta por lo menos cuarenta y cinco días para evaluar los daños y determinar el alcance de la cobertura del seguro. Como consecuencia, Florida Cypress dijo que espera que los documentos a presentar a la SEC y los documentos de delegación de voto (*proxy statements*) relacionados con la fusión con Harcourt se retrasen y tal vez se revisen.

Yo tenía unos cuantos problemas con todo esto. En primer lugar, ¿de qué iba todo este tema del acuerdo preliminar? Un acuerdo es un acuerdo en mi manual. En segundo lugar, olvidé mencionar otro pequeño riesgo. En el período de tiempo que medió entre el anuncio de la fusión por absorción, cuando yo compré mi inteligente posición de arbitraje (comprando acciones de Cypress Gardens, vendiendo en corto acciones de HBJ) y el fiasco del enorme socavón, las acciones de Harcourt Brace habían subido hasta los 60,75 dólares. Si el acuerdo finalmente se cancelaba, como yo no iba a conseguir las acciones de HBJ que esperaba a cambio de mis acciones de Cypress Gardens, me vería obligado a recomprar las acciones que había vendido en corto de HBJ o ir a prisión ¿recuerdas? El problema añadido era que la acción que había vendido por 8,30 dólares (0,16 de una acción de HBJ a 51,875 dólares) ahora iba a costarme 9,72 dólares recomprarla (0,16 multiplicado por 60,75 dólares). Por tanto, además de mi pérdida de 3 dólares sobre mi acción de Florida Cypress Gardens iba a perder 1,42 dólares adicionales (recompra por 9,72 dólares menos venta por 8,30 dólares). Eso representa una pérdida de 4,42 dólares sobre una acción de 7,50 dólares. Pero espera; si las instalaciones de Cypress Gardens quedaran tan dañadas y se cancelara el acuerdo, tal vez la acción podría caer hasta 3,50 dólares o incluso a 2,50 dólares por acción. Con la acción de Cypress Gardens cotizándose a 2,50 dólares, mis pérdidas serían de 6,42 dólares sobre una acción de 7,50 dólares. Asumir todo este riesgo por ese jugoso beneficio de ochenta centavos. De algún modo mis difusas y cálidas sensaciones, mis recuerdos de la infancia y mi dinero habían caído en el mismo socavón.

Al final, las cosas no fueron tan terribles. Evidentemente, los perjuicios a largo plazo para Cypress Gardens no fueron tan graves. Después de un mes mordiéndome las uñas, el acuerdo se modificó y pasó del 0,16 de la acción de HBJ a un precio fijo de 7,90 dólares de valor de la acción de HBJ (basado en el precio promedio de diez días de la acción de HBJ previamente a la conclusión de la fusión). La votación de los accionistas y el cierre de la fusión se reprogramaron para mediados de agosto. Dado que en el momento del anuncio del socavón, yo tenía que recomprar las acciones de HBJ que había vendido en corto o arriesgarme a pérdidas adicionales si HBJ continuaba subiendo, acabé perdiendo aproximadamente los 1,42 dólares (por acción de Florida Cypres Gardens comprada) de los que hablamos antes. También acabé ganando los cuarenta centavos de diferencia entre mi precio de compra de 7,50 dólares y los 7,90 dólares de valor de la acción de HBJ que recibí por cada acción de Florida Cypress Gardens. El resumen es que en un plazo de cinco meses me las arreglé para perder cerca de 1 dólar sobre mi inversión de 7,50 dólares. Teniendo en cuenta lo que podía haber perdido, me sentí bastante aliviado cuando el acuerdo finalmente se completó. Por lo que respecta a mis recuerdos de infancia, no se puede poner precio a estas cosas— especialmente no a un miserable dólar por acción.

Más aspectos negativos sobre el arbitraje de riesgo

Por supuesto, ese casi desastre tuvo lugar hace más de una década. Ahora que este tema del socavón se encuentra en la lista de puntos a chequear de todo el mundo, ¿es seguro volver a mojarse? ¿Qué hay de malo en mojarse un poco los pies? La realidad es que las cosas no han hecho otra cosa que seguir empeorando en el negocio del arbitraje de riesgo. Si hoy se anunciase el acuerdo de Cypress Gardens con sus condiciones originales, el diferencial sería más parecido a uno de treinta centavos (para una rentabilidad compuesta anualizada del 17 por ciento) que no al de los ochenta centavos. Esta reducción es producto en parte de unos tipos de interés actuales más bajos, pero en su mayor parte es el resultado de una competencia mucho mayor en el campo del arbitraje de riesgo. No olvides que la tasa de rentabilidad es solo una parte de la ecuación. La cuestión riesgo-recompensa —el ratio de cuánto puedes perder en una situación con relación a cuánto puedes ganar— es un factor mucho más importante para determinar la rentabilidad a largo plazo. Con demasiada frecuencia, en un campo que se ha vuelto muy competitivo, se pasa por alto este factor en un intento de conseguir lo que parecen ser elevadas tasas de rentabilidad a corto plazo. Esto es especialmente así en campos como la banca, los seguros y el mercado bursátil, donde los pensamientos reales pueden ser muy fácilmente reemplazados por una calculadora. Esa es la razón de que esté tratando de guiarte a áreas de inversión en las que, debido a la forma de funcionamiento del sistema, se sigan ofreciendo oportunidades extraordinarias. Francamente, el arbitraje de riesgo no reúne los requisitos.

Es cierto que puedo estar excesivamente resentido con el área —teniendo en cuenta que en una ocasión sufrí siete cancelaciones de acuerdos, todos en la misma época— pero con la atención constante que es necesaria para controlar las inversiones adecuadamente y con las otras alternativas que los individuos tenemos a nuestra disposición, estoy convencido de que se trata de un área que es mejor que la mayoría de inversores dejen de lado. Pero si todavía no estás convencido...

✎ Estudio de caso
Combined International / Ryan Insurance Group

En julio de 1982, Combined International decidió adquirir Ryan Insurance Group a través del pago de 34 dólares por acción en efectivo o bien en acciones de Combined International por un valor de 34 dólares cada una. De acuerdo con el plan, el presidente de Ryan Insurance, Patrick Ryan, estaba preseleccionado para ser el nuevo CEO de las compañías fusionadas. El fundador de Combined, W. Clement Stone, de ochenta años de edad, dimitiría de su puesto de CEO cuando se concluyera el acuerdo. Este acuerdo inicial estaba sujeto a la firma de uno definitivo, que debía ser aprobado por los accionistas de ambas compañías así como por la normativa habitual al respecto. Como Patrick Ryan y su familia poseían aproximadamente el 55 por ciento de Ryan Insurance Group, por lo menos uno de los votos favorables de los accionistas sería fácil de obtener.

El acuerdo se culminó con éxito en un tiempo récord, con una votación de los accionistas de cada compañía programada para finales de agosto. Aunque el diferencial de precios no era muy amplio en el acuerdo (yo pagué 32 dólares por mi acción), la tasa de rentabilidad parecía atractiva. Después de todo, 2 dólares de ganancia sobre 32 dólares en dos meses, suponía una rentabilidad del 6,25 por ciento. Sobre una base de interés compuesto, representaba una rentabilidad anualizada del 44 por ciento. No estaba mal, aunque las acciones de Ryan se habían estado cotizando a tan solo 18 dólares antes del anuncio del acuerdo. De algún modo, la rentabilidad del 44 por ciento superaba al hecho de que yo tratara de ganar solo 2 dólares mientras arriesgaba 14 dólares en caso de que el acuerdo no llegara a término. Aunque yo era consciente de la parte negativa, daba la impresión de que el acuerdo carecía de riesgos. En la época en que tuvieron lugar las juntas de accionistas a finales de agosto, todo estaba en perfecto orden. (Evidentemente, todo esto ocurrió antes de que yo supiera que era una hondonada o un socavón).

Habitualmente, en una fusión por absorción indiscutible no es muy útil la asistencia a la junta de accionistas especial. En general, es un evento insustancial con un resultado previsible. Lamentablemente, esa no era la forma en que W. Clement Stone la consideraba. Stone, muy conocido por su filosofía de «actitud mental positiva» y como gran contribuyente de las campañas presidenciales de Nixon, no tenía la intención de retirarse de una forma tranquila. Al parecer, según una información relativa a la junta, Stone cogió el micrófono y manifestó que había cambiado de opinión, añadiendo que «no existe un Pat Ryan ni ningún otro» que sea capaz de dirigir Combined International. Tal vez, sugirió, él debería quedarse como CEO. Tal como lo resumió un observador, «en el último segundo, un hombre de ochenta años se echó atrás en cuanto a renunciar a su compañía. Podías verlo en su cara». Bien, la realidad es que yo no vi nada. Estaba sentado en mi despacho, golpeando mi guante, esperando que la pelota cayera perfectamente en su sitio.

La única cosa que sabía esa tarde, por cortesía de un amigo, era que había algún tipo de problema y que la junta se había aplazado. Como en aquella época yo estaba trabajando para otra persona y este era mi acuerdo debí palidecer un poco. Lo sé porque aunque no dije nada, mi jefe me preguntó si algo andaba mal. En el campo del arbitraje de riesgo, ganar 2 dólares no es una gran cosa. Esa es la forma en que tiene que funcionar el negocio. Un dólar aquí, dos allí, todo suma. Soltar 14 dólares de una vez, sin embargo, sí es una gran cosa. No puedes tener demasiados asuntos de este tipo ni durante mucho tiempo. Podrían hacer falta otros diez buenos negocios para compensar esta pérdida. Cuando mi jefe me preguntó qué andaba mal, creo que me las arreglé para escupir una confusa respuesta del tipo, «hay un pequeño problema, pero todo saldrá bien». Por otra parte, mi estómago no se sentía realmente tan bien.

Al final, Stone y Ryan fueron capaces de limar las cosas y la reunión concluyó satisfactoriamente más tarde aquel mismo día, pero después de que el mercado hubiera cerrado.

Aunque este acuerdo tuvo un final feliz, el problema con el arbitraje de riesgo es, tomando prestada la frase de Yogi Berra, «no ha terminado hasta que ha terminado». Demasiadas cosas tienen que funcionar bien demasiado a menudo. Si te pasas todo el día calculando promedios, deberías ser capaz de obtener un rendimiento razonable de tu inversión. Esto es así, porque a pesar de que todo puede salir mal, la mayoría de acuerdos se concluyen. No obstante, una racha de mala suerte o un acontecimiento macroeconómico (como un crack bursátil u otra crisis petrolífera) pueden hacer que una cartera de valores llena de situaciones con arbitraje de riesgo se desplome mucho más rápidamente y mucho más permanentemente que una cartera repleta de situaciones corporativas especiales como *spinoffs*. Siempre es inesperado que se desbaraten los acuerdos. No merece la pena que tú, tu dinero y tu estómago sufráis estas molestias. Si todavía quieres actuar peligrosamente, sigue adelante. No obstante, hay formas más fáciles de ganar un dólar.

Como por ejemplo...

Merger securities (pago en activos ilíquidos a los accionistas de una compañía adquirida)

Veamos ahora algo que quizás quieras probar en casa: *merger securities*. Aunque el dinero en efectivo y las acciones son los medios de pago a los accionistas más utilizados en una situación de fusión por absorción, en algunas ocasiones el adquirente puede utilizar otro tipo de valores para pagar una adquisición. Entre ellos se encuentran todo tipo de bonos, acciones preferentes, *warrants* y derechos. Habitualmente, estos «otros» títulos o valores se utilizan como pago parcial, mientras que el grueso del precio de adquisición se sigue pagando en efectivo y/o en acciones. En muchos casos, el motivo de que se utilicen *merger securities* para pagar a los accionistas de la compañía que va a ser adquirida es que el adquirente ya ha agotado su capacidad de recaudación de efectivo o su deseo de emitir acciones ordinarias adicionales. En otros casos, los *merger securities* se utilizan como «edulcorante» adicional para remachar un acuerdo o para pujar más alto que un potencial adquirente en un entorno de subasta.

Por regla general, nadie quiere *merger securities*. Reflexiona sobre ello. Estas paseando (por supuesto, pensando en tus cosas) cuando de repente se anuncia una oferta de adquisición de tu compañía favorita donde tienes tu mayor posición en acciones, Acme Potato. Toppings Inc. ha observado que hay grandes sinergias en la conjunción de ambas compañías y ha aceptado comprar todas tus acciones de Acme por 22 dólares en efectivo y 3 dólares en valor nominal de bonos de Toppings al 9 por ciento que vencen en 2010. Como las acciones de Acme Potato se están cotizando a 16 dólares, esto parece bastante provechoso para ti. No obstante, cuando se cierre el acuerdo, ¿qué vas a hacer con los ingresos? Bien, ya sabes qué vas a hacer con el dinero en efectivo, esto es fácil. O vas a adquirir acciones de otra compañía (tal vez General Potato) o harás tu agosto comprando todo lo que te guste en Home Shopping Channel. Sin embargo, ¿qué harás con los bonos?— ya sabes, los bonos de 3 dólares de valor nominal al 9 por ciento que vencen en 2010 (Se trata de bonos que pagan un interés del 9 por ciento sobre el valor nominal de 3 dólares hasta el año 2010, en que sus titulares recibirán 3 dólares en efectivo).

Bien, los bonos podrían ser un buen negocio o podrían no serlo. La conclusión es que esto no te podría importar menos. Cuando invertiste tu dinero en Acme Potato, estabas interesado en tener acciones de una compañía de patatas, o en una acción barata, o en una compañía candidata a ser adquirida, o en las tres cosas a la vez, no en poseer bonos emitidos por otra compañía que dieran un interés del 9 por ciento y que se reembolsaran en una fecha determinada. Bien, ya sabes lo que vas a hacer con estos bonos: vas a venderlos. No solo vas a venderlos, sino que vas a venderlos tan pronto como dispongas de ellos. En realidad, el mero hecho de tenerlos merodeando por ahí ya te hace sentir incómodo. Vas a llamar a tu bróker y gritarle, «eh, no quiero esto, consígueme dinero de verdad».

Así que ahora ya sabemos lo que vas a hacer. Pero, ¿qué hay de las instituciones sofisticadas? Ellas van a sacar inmediatamente sus calculadoras, determinarán cuál es el rendimiento hasta su vencimiento de los bonos emitidos en la fusión por absorción, computarán los ratios de cobertura de intereses y harán un análisis a fondo de las sinergias y la posición estratégica del emisor de los bonos. Sin duda, tiene sentido. Después de todo, se paga a los verdaderos profesionales para que hagan cosas aparentemente complicadas, como las que hemos citado, ¿no es cierto? Pues bien, tanto si suena bien como si no, ellos van a vender los bonos lo mismo que tú, la única diferencia es que lo harán incluso más rápidamente.

Los inversores institucionales que tienen acciones en una compañía de patatas no solo no tienen ningún interés en los bonos del nuevo conglomerado; en la mayoría de los casos, ni siquiera se les permite poseerlos. La inmensa mayoría de gestores de fondos de inversión y de fondos de pensiones se especializan en inversiones en acciones o bien en inversiones en bonos. Por regla general, se les encomienda concretamente que inviertan en uno u otro tipo de valores pero no en ambos. Aunque puedan comprar tanto acciones como bonos, es extremadamente improbable que de todas las posibilidades disponibles de inversiones en bonos, los nuevos bonos de Toppings estén en los primeros lugares de la lista, Por tanto, al final, prácticamente todos los que reciben *merger securities*, tanto si se trata de personas poco sofisticadas como de instituciones muy sofisticadas, están en perfecta sintonía: todos quieren sacárselos de encima.

No debería sorprender, entonces, que aquí es donde entras tú. Con una dinámica parecida (de hecho, increíblemente similar) a la de una situación de *spinoff*, la venta indiscriminada de *merger securities* crea casi siempre una enorme oportunidad de compra. Tanto las *spinoffs* como los *merger securities* se reparten a inversores que originalmente invirtieron en algo completamente diferente. Tanto las *spinoffs* como los *merger securities* no suelen ser deseadas por los inversores que las reciben. Tanto las *spinoffs* como los *merger securities* suelen venderse sin considerar las cualidades de la inversión. Como consecuencia, tanto las *spinoffs* como los *merger securities* (sorpresa, sorpresa) pueden hacerte ganar mucho dinero. Espero que ahora ya estés empezando a creerme, pero, por si acaso, veamos a continuación algunos ejemplos reales.

✎ Estudio de caso
Super Rite Foods

¿Has deseado alguna vez ser un gran financiero? ¿Crees que necesitas mucho dinero? Bien, estamos aquí ante una situación en la que la oportunidad estaba explicada en detalle en los documentos fácilmente obtenibles de una fusión por absorción, solo que, como es habitual, nadie se había molestado en examinar.

En enero de 1989, un grupo inversor dirigido por el presidente de Super Rite Foods hizo una oferta de compra de las acciones de Super Rite, una cadena de supermercados, por un precio de 18 dólares en efectivo y 5 dólares en acciones preferentes recién emitidas a su valor nominal. Estas acciones preferentes repartían anualmente dividendos de setenta y cinco centavos (un 15 por ciento de su valor nominal cada año). En una operación de este tipo, los directivos de dentro de la compañía persiguen la adquisición de todas las acciones en poder del público y la compañía pasa de estar cotizada en Bolsa a ser de propiedad privada. Este tipo de transformaciones de la propiedad de la compañía son especialmente interesantes, porque las personas claves de dentro, con su decisión de adquirir la totalidad del capital de la compañía, ya están indicando que tienen una gran fe en el futuro de la compañía. Cuando está disponible, la oportunidad de participar en este tipo de operación a través de la compra de *merger securities* es merecedora de ser analizada en detalle.

En este caso, tal como se publicó en la prensa, el 47 por ciento de Super Rite era propiedad de Rite Aid Corp., la compañía operadora de una gran cadena de *drug stores*. Alex Grass, el presidente de Super Rite y el líder del comité directivo, también era el presidente de Rite Aid. Según Grass, teniendo en cuenta que el consejo de administración de Rite Aid había acordado «liquidar su participación en Super Rite», él y su grupo de directivos estaban interesados en su adquisición junto al resto de la compañía. El grupo de directivos planificaba acometerla a través de una operación de compra apalancada o financiada por deuda (*leveraged buyout*). Esta es una técnica que se emplea en muchas operaciones de transformación de compañías públicas cotizadas en Bolsa en compañías de propiedad privada, en las que un pequeño grupo de inversores es capaz de comprar una compañía a través de préstamos respaldados por el valor de la compañía que está siendo adquirida. En este caso, el grupo de directivos planeaba comprar todas las acciones de Super Rite mediante la inversión de una cantidad relativamente modesta de dinero como capital social y tomando prestado el resto de los 18 dólares por acción en efectivo que se pagaba a los accionistas de Super Rite. Además del pago en efectivo, la propuesta también incluía que los accionistas de Super Rite recibieran 5 dólares en valor nominal de unas nuevas acciones preferentes.

La idea básica era que las futuras ganancias de Super Rite pagaran los intereses del préstamo y los obligados dividendos de acuerdo con las condiciones de las acciones preferentes. (Esta situación es análoga a la adquisición de un edificio de oficinas: un pago inicial en efectivo de un 20 por ciento se hace con el 80 por ciento restante del precio de compra que se ha tomado prestado a través una hipoteca, esperando que el alquiler pagado por los inquilinos sea suficiente para pagar el principal y los intereses de la hipoteca). Si las cosas marcharan bien para Super Rite, el valor de la inversión de capital original efectuada por el grupo de directivos se multiplicaría cuando la deuda se saldara y/o el valor del negocio se incrementara. Un aspecto positivo de esta situación era que el documento de delegación de voto iba a ser especialmente informativo. Tal como ocurre en la mayoría de operaciones de conversión de compañías cotizadas en Bolsa en compañías privadas, la posibilidad de conflicto entre los intereses del grupo de directivos y los de los accionistas en Bolsa (incluyendo en este caso a Rite Aid) significaba que la SEC iba a realizar un profundo examen adicional de los documentos de fusión por absorción para asegurarse de que la información importante se había revelado adecuadamente.

Sin embargo, las cosas no fueron demasiado bien para el grupo de directivos después del anuncio de la compra apalancada en enero. Aparecieron otros interesados que hicieron ofertas por Super Rite, y el consejo de administración (menos los vinculados a la oferta de directivos) se vio obligado a sacar la compañía a subasta. Aunque en marzo se había alcanzado un nuevo acuerdo con el grupo de directivos, en esta ocasión el precio de compra se había incrementado de forma notable. La oferta ganadora para cada acción de Super Rite se componía ahora de 25,25 dólares en efectivo, 2 dólares en valor nominal de acciones preferentes recién emitidas que rendían un 15 por ciento anual, y *warrants* para comprar un 10 por ciento de participación en la nueva compañía privada. Como no se iban a dar más detalles acerca de la oferta hasta que se distribuyera el documento de delegación de voto a los accionistas de Super Rite, tan solo había que tener presente una observación importante: «No pagan tan solo en efectivo por la acción —están incluyendo otras cosas. ¿De qué se trata?»

Por regla general, esta es la misma observación que debería alertarte siempre que leas algo sobre una situación parecida a la de Super Rite. Aunque *The Wall Street Journal* y otros medios revelan esta información, no se centran en ella. Esta es precisamente la razón de que tú si deberías hacerlo. El hecho de ser consciente de que los *merger securities* te pueden proporcionar unas oportunidades de beneficio extraordinarias te sitúa con una enorme ventaja. Aunque miles de personas estarán leyendo el mismo titular, tú estarás focalizando tu atención y tus esfuerzos en un área que la mayor parte de la genta pasa por alto. Aunque la mayoría de la gente descubra tu pequeño secreto, siguen circulando por ahí multitud de *merger securities*. Así es precisamente cómo funciona el sistema. Combina la focalización adecuada con un poco de investigación y podrás conseguir que el sistema trabaje para ti.

Por lo que respecta a Super Rite, la lectura de parte de la información contenida en el documento de delegación de voto resultó ser una excelente hoja de ruta para la obtención de futuros beneficios. Distribuido en agosto, expone las condiciones de la fusión por absorción, incluida una descripción de los dos *merger securities*. Por supuesto, los 25,25 dólares en efectivo eran algo bastante claro. Los 2 dólares en valor nominal de acciones preferentes recién emitidas que rendían un 15 por ciento anual eran una historia ligeramente diferente. Sin embargo, lo que parecía interesante de las acciones preferentes era que cada accionista solo obtenía 2 dólares en valor nominal de acciones preferentes por cada acción que poseía de Super Rite. En comparación con el pago de más de 25 dólares en efectivo según las condiciones del acuerdo, las acciones preferentes representarían solamente una pequeñísima parte del valor recibido por los accionistas de Super Rite en la operación de compra apalancada o financiada con deuda. Esto proporcionaría un incentivo adicional a los accionistas de Super Rite para ignorar directamente los méritos de inversión de las acciones preferentes.

El otro *merger security*, los *warrants* o derechos a adquirir «sin coste para el titular» un 10 por ciento de participación en la compañía adquirente, parecían aún más interesantes. En general, los *warrants* ofrecen el derecho de compra de acciones de una compañía a un precio especificado. En este caso, como el precio especificado era igual a cero, los titulares de *warrants* eran realmente accionistas en la compra apalancada junto a los directivos de dentro de la compañía. Los accionistas de Super Rite tenían derecho a recibir una cantidad establecida de *warrants* por cada una de las participaciones que poseían en Super Rite. Como los *warrants* se cotizarían públicamente después de que la adquisición estuviera completada, cualquiera que quisiera participar en la compra financiada con deuda o apalancada podía simplemente adquirir los *warrants* en el mercado abierto de los accionistas de Super Rite que hubieran decidido venderlos. Según el documento de delegación de voto, los accionistas de Super Rite recibirían un *warrant* por cada 21,44 acciones de Super Rite en su poder. Esta fracción de *warrant*, según los banqueros de inversión contratados por Super Rite, tenía un valor de entre veinticinco y cincuenta centavos por cada acción de Super Rite. Si los accionistas de Super Rite iban a vender sus acciones preferentes sin pensarlo demasiado y los *warrants* tenían incluso un valor más pequeño, parecía que existía una buena posibilidad de que los *warrants* también fueran a venderse sin que los accionistas de Super Rite ni siquiera se lo pensaran.

De hecho, durante varios meses después de completada la fusión por absorción, era posible comprar *warrants* a precios muy bajos. (Cada *warrant* ofrecía a su titular el derecho a comprar una acción en la compañía adquirente compuesta por los directivos de Super Rite). Puesto que hacían falta 21,44 acciones de Super Rite para tener derecho a recibir un *warrant*, el precio de un *warrant* a 6 dólares (el precio de cotización aproximado durante dicho período) se traducía aproximadamente en *warrants* por valor de veintiocho centavos (6 dólares divididos por 21,44) de cada acción de Super Rite. Por supuesto, los *warrants* se cotizaban a 6 dólares, pero, ¿qué valían realmente? Aquí es de verdadera utilidad la lectura del documento de delegación de voto.

En el apartado titulado «Determinadas Previsiones», la dirección de Super Rite preveía que en un plazo de tres años un nuevo cliente que Super Rite había conseguido recientemente estaría contribuyendo con más de 80 millones de dólares anuales de ventas. Según este apartado, en dicha época la nueva entidad formada para adquirir Super Rite ganaría 5 dólares por acción en flujo de caja libre después de impuestos. (¿Qué es el flujo de caja libre? Es lo mismo que los beneficios, pero mejor. ¿No lo entiendes? No te preocupes —no es difícil y se explica todo en el capítulo 7). Incluso a un modesto múltiplo de diez veces el flujo de caja libre por acción, las nuevas acciones valdrían 50 dólares cada una. Esto haría que los *warrants*, que se cotizaban a 6 dólares, también valieran 50 dólares cada uno (puesto que el derecho a comprar una acción que valía 50 dólares sin coste tendría un valor de 50 dólares). Aunque suelo ser escéptico con las previsiones a largo plazo, en este caso creí que ya que la dirección estaba comprando el negocio, debía tener confianza y seguridad en su futuro. Además, si el valor real del negocio se encontraba significativamente por debajo de 50 dólares al cabo de tres años, aún seguía dejando mucho margen a los titulares de *warrants* para salir con grandes beneficios. En resumen, la compra de *warrants* a 6 dólares, aunque especulativa, daba la impresión de ser un negocio francamente bueno.

¿Qué te parecería comprar acciones de Super Rite antes de que se cerrara la fusión por absorción? Yo podía haber comprado los *warrants* y las acciones preferentes a un precio incluso más barato a través de la adquisición de acciones de Super Rite a 25,50 dólares o 26 dólares en setiembre, justo antes del cierre de la adquisición. Como yo recibiría 25,25 dólares en efectivo por mis acciones de Super Rite cuando se completase la fusión por absorción, una compra de Super Rite por 26 dólares me habría permitido «crear» un precio de compra neto de solo setenta y cinco centavos tanto para los 2 dólares en valor nominal de acciones preferentes como para los *warrants* (o por lo menos *warrants* por valor de veintiocho centavos). Entonces, si por alguna razón, el acuerdo fracasaba, Super Rite podría volver a su precio anterior al acuerdo de 17 dólares o incluso menos. Añadamos a esto el hecho de que yo solo conseguiría obtener *warrants* por valor de veintiocho centavos por cada 26 dólares que desembolsara, y el deseo de perseguir esta opción se desvanecería rápidamente. Al final la adquisición de *warrants* (y tal vez de acciones preferentes) en el mercado parecía ser la mejor alternativa.

¿Cómo acabó todo esto? En pocas palabras, terminó muy bien. Super Rite decidió volver al mercado bursátil dos años después de que se cerrara el acuerdo. Los *warrants*, que inicialmente se habían cotizado a 6 dólares se valoraron en más de 40 dólares en la época en la que las acciones compradas por el grupo de directivos se ofrecieron al público. Las acciones preferentes también funcionaron bastante bien. Aunque durante algunos meses después de que tuviera lugar la compra apalancada las acciones preferentes se podían adquirir por un 50-60 por ciento de su valor nominal, en la época en que la oferta al público se completó, las acciones preferentes tenían un valor igual al 100 por cien de su valor nominal. (Este rendimiento no incluía el 15 por ciento en concepto de dividendos pagados anualmente en forma de acciones preferentes adicionales). Ten en cuenta que invertir en los valores de una compra financiada con deuda suele ser un negocio arriesgado. Sin embargo, no es frecuente que los individuos dispongan de la oportunidad de invertir junto a directivos y grandes financieros. Es incluso más raro poder hacerlo a través de valores mobiliarios que se cotizan públicamente y están disponibles a precios rebajados.

✎ Estudio de caso
Paramount Communications / Viacom

Bien, echemos un vistazo a la intensa y prolongada lucha por la adquisición de Paramount y que ocupó las primeras páginas de los periódicos durante casi seis meses. Afortunadamente, la lucha terminó en un océano de miles de millones de dólares en *merger securities*. A pesar de la enorme cantidad de informaciones de prensa que recibió esta batalla por Paramount Communications, la mayoría de inversores pasó por alto la extraordinaria oportunidad de beneficiarse de esta situación tan publicitada.

En setiembre de 1993, Viacom acordó la adquisición de Paramount Communications con efectivo y acciones. Viacom, un conglomerado de medios de comunicación controlado por Summer Redstone, era la compañía propietaria de servicios de cable (como MTV, Nickelodeon y Showtime), sistemas de cable, emisoras de televisión y divisiones de producción y distribución de televisión. A la mayoría de analistas les parecía un buen encaje con Viacom, ya que la combinación con Paramount aportaría una productora y distribuidora cinematográfica y de programación televisiva líder, una editorial (Simon & Schuster), más canales de cable, más emisoras de televisión y dos equipos deportivos. Para Viacom era especialmente atractivo el extenso catálogo de películas y éxitos de programas de televisión del pasado así como el acceso a las futuras producciones televisivas y cinematográficas de Paramount.

Asimismo, Barry Diller, fundador del canal de televisión Fox y presidente de QVC, servicio de compras desde el hogar, intentó ampliar su imperio de medios de comunicación y lanzó una oferta competidora por Paramount una semana después del anuncio de Viacom. Después de una guerra de ofertas que duró cinco meses, finalmente prevaleció Viacom, pero no sin que antes aumentara y se modificara de forma significativa la naturaleza de su oferta inicial. Durante este período, Viacom anunció una fusión con Blockbuster Entertainment en un esfuerzo por aumentar la potencia de su oferta. Estaba programado que esta fusión se cerrara poco después de la adquisición con éxito de Paramount. A causa de la destacada posición de todas las compañías implicadas, y las intensas maquinaciones de una multitud de abogados y bancos de inversión, la batalla resultó de gran interés hasta que se declaró un ganador en febrero de 1994. En aquellos momentos, Viacom podría pagar en efectivo el 50,1 por ciento de las acciones en circulación de Paramount. Aunque la contienda había terminado y la historia de Paramount había desaparecido de los titulares de los periódicos, la oportunidad de beneficiarse de la fusión por absorción tan solo acababa de comenzar.

El cierre del acuerdo no tuvo lugar hasta después de la celebración de la junta de accionistas de Paramount en julio de 1994. Como Viacom había comprado el 50,1 por ciento de Paramount en febrero, la votación para aprobar la unión era una pura formalidad. Lo que no era tan formal era el método de pago del restante 49 por ciento de Paramount. Mientras que el dinero en efectivo fue el único medio de pago utilizado para la adquisición de la primera mitad de las acciones de Paramount, prácticamente todo, excepto dinero en efectivo, fue el medio de pago utilizado para la compra de la segunda mitad de la fusión por absorción. Tal como se mencionaba en *The Wall Street Journal*, pero no de forma destacada, el medio de pago de la segunda mitad de las acciones de Paramount consistía en (1) acciones ordinarias de Viacom, (2) obligaciones subordinadas intercambiables de Viacom, (3) valores o títulos conocidos como *derechos de valor contingente* (DVC) (uno por cada acción ordinaria de Viacom recibida en la fusión), (4) *warrants* a tres años para comprar acciones ordinarias de Viacom a 60 dólares por acción, y (5) *warrants* a cinco años para adquirir acciones ordinarias de Viacom a 70 dólares por acción.

Toda la información relativa a la fusión y a esa extraña colección de *merger securities* se proporcionaba a los accionistas de Paramount en un documento de delegación de voto emitido en junio. Esta información era de fácil acceso, pero la mayoría de accionistas no tenían ningún interés en descubrir lo que quería decir. La inmensa mayoría de los accionistas de Paramount estaba interesada en tener las acciones de un conglomerado del entretenimiento o bien las acciones de un candidato a adquirirla. Mientras que las acciones ordinarias de Viacom podrían haber tenido un cierto interés para algunos de estos accionistas, las obligaciones intercambiables, los derechos de valor contingente y los dos tipos *warrants* iban a ser vendidos, sin mirar el documento de delegación de voto y sin tener en cuenta su verdadero valor. Incluso las acciones ordinarias de Viacom, el valor con más posibilidades de ser retenido por los accionistas de Paramount, iban a tener que soportar una fuerte presión vendedora. De acuerdo con el documento de delegación de voto, las acciones de Viacom emitidas al público como parte de la contraprestación de la fusión por absorción casi triplicarían el suministro de acciones de Viacom en manos del público.

Aunque el documento de delegación de voto era bastante largo, los apartados que describían los *merger securities* no eran muy extensos. De hecho, si querías una respuesta a la pregunta, «¿en qué consiste todo esto?», un apartado de tres páginas titulado «Paramount Merger Consideration» lo resumía perfectamente. No debe sorprender que cada uno de los *merger securities* involucrados resultara ser bastante interesante.

Por ejemplo, la combinación de la compra de una acción ordinaria de Viacom con la compra de un derecho de valor contingente creaba una oportunidad de inversión única. El derecho de valor contingente era un valor emitido por Viacom para ayudar a garantizar el valor de los títulos o valores de la segunda mitad de las acciones de la fusión por absorción que los accionistas de Paramount iban a recibir. Probablemente, fue esta garantía de valor por parte de Viacom la responsable de su «victoria» en la guerra de las ofertas por Paramount. Los derechos de valor contingente funcionaron de la siguiente forma: si las acciones ordinarias de Viacom se cotizaban por debajo de 48 dólares un año después de la finalización de la fusión por absorción, Viacrom compensaría la diferencia mediante un pago a los titulares de derechos de valor contingente (por ejemplo, si la acción de Viacom se cotizaba a 44 dólares en el primer aniversario del cierre de la fusión, Viacom pagaría 4 dólares por cada DVC; si Viacom se cotizaba a 38 dólares en esa época, Viacom pagaría 10 dólares por cada DVC).

Al adquirir un DVC por cada acción de Viacom poseída, un inversor se podía asegurar de que el valor combinado de los dos títulos-valores sería por lo menos de 48 dólares en un año. Si las acciones de Viacom se cotizaban por encima de 48 dólares —digamos 55 dólares— entonces, aunque los DVC no tendrían valor, el valor combinado de los dos títulos-valores sería de 55 dólares, una cifra incluso mejor que el precio garantizado de 48 dólares. Puesto que poco después de completada la fusión por absorción, un DVC y una acción de Viacom se podían adquirir por un precio combinado de 37 dólares, un precio garantizado de 48 dólares al cabo de un año parecía bastante bueno —un rendimiento anual del 30 por ciento con poco riesgo y sin limitación al alza. De acuerdo, también había unos pocos elementos accesorios que yo he dejado de lado. En primer lugar, Viacom limitó el pago sobre los DVC a un máximo de 12 dólares; incluso así las acciones de Viacom podían caer hasta los 25 dólares antes de que un inversor que hubiera comprado tanto el DVC como la acción ordinaria de Viacom por una suma total de 37 dólares perdiera dinero. Por otra parte, Viacom podía prorrogar la fecha de pago del DVC, pero solamente en caso de un intercambio por un pago superior a 12 dólares.

Aunque los derechos de valor contingente incluían más aspectos accesorios más allá de los concretados en este ejemplo específico, hay un punto importante a tener en cuenta. No aprendí nada sobre los DVC en la escuela de negocios. No leí ningún libro que describiera en que consistían estas cosas. Nadie me dijo que los comprase: sencillamente leí la página correspondiente en el documento de delegación de voto donde se explicaba cómo funcionaban. Sin embargo, yo gozaba de una ventaja en todo este tema. Sabía algo que muy pocos inversores sabían. Mi gran ventaja consistía en que lo que yo sabía era esto: es rentable revisar los *merger securities*. La adquisición de Paramount era un excelente ejemplo del tipo de oportunidades de inversión que pueden surgir a través del examen de esta área. Por supuesto, los DVC no eran los únicos *merger securities* emitidos en el acuerdo de fusión por absorción de Paramount. Los demás también merecen un análisis detallado.

Uno de los *merger securities*, los *warrants* a cinco años para comprar acciones de Viacom a 70 dólares por acción, parecían especialmente interesantes. Estos *warrants* otorgaban a su titular el derecho a comprar la acción de Viacom a 70 dólares durante un período de cinco años. Como la acción de Viacom se estaba cotizando a unos 32 dólares en julio de 1994 (poco después de que los *warrants* de Viacom se hubieran repartido a los accionistas de Paramount), el derecho a comprar la acción de Viacom a 70 dólares no parecía excesivamente tentador. Por otra parte, cuando me encuentro con este tipo de situación, me gusta pensar en la vieja historia del campesino que es llevado a presencia del rey y sentenciado a muerte.

El campesino dice: «Oh, por favor, por favor majestad, perdonadme. Si me dejáis vivir tan solo un año más, enseñaré a hablar al caballo real».

«Concedido», responde el rey, pensando que «qué caramba, si eres capaz de enseñar a hablar a mi caballo en un año, claro que te dejaré en libertad».

Mientras salía del palacio real, uno de los guardianes del rey aparta a un lado al campesino y le pregunta: «¿Por qué le dijiste al rey que podías hacer hablar a su caballo? Cuando haya transcurrido el año ordenará con toda seguridad que seas decapitado».

El campesino replica: «No estoy seguro de que pase esto. Un año es un período de tiempo terriblemente largo. Si tengo todo un año por delante, tal vez el rey cambie de opinión. O tal vez el rey se muera. O tal vez se muera el caballo. Quizá sea yo quien se muera. O, ¿quién sabe? Si le damos un año, tal vez el caballo hable».

Así pues, si puede suceder cualquier cosa a lo largo de un año, imagina qué podría ocurrir a la acción de Viacom en 5 años. (Olvídate de la acción de Viacom e imagina todos los reyes muertos, campesinos muertos y caballos que hablan que puede haber). Después de todo, Viacom estaba tomando prestada una gran suma de dinero para financiar la adquisición de Páramount. Recuerda que al utilizar tanto apalancamiento, el valor de la acción de Viacom podía subir de forma espectacular junto a un aumento del valor de los activos de Viacom. Asimismo, Summer Redstone, la compañía propietaria de la mayoría de acciones ordinarias de Viacom, estaba apostando la práctica totalidad de su fortuna de miles de millones de dólares al éxito de la fusión por absorción. Además, diez meses antes, las acciones de Viacom habían llegado a cotizarse a 60 dólares por acción. Además, los *merger securities* estaban supeditados a cotizarse a un precio económico. No obstante, a pesar de lo impresionante que todo esto parece, ninguna de dichas razones fue el motivo principal de que los *warrants* a cinco años para comprar acciones de Viacom a 70 dólares parecieran interesantes.

La principal razón de que los *warrants* a cinco años parecieran interesantes podía encontrarse directamente en el apartado de tres páginas donde se examinaba la contraprestación de la fusión por absorción de Paramount. Según el documento de delegación de voto, los *warrants* a cinco años otorgaban al titular el derecho a comprar acciones de Viacom en cualquier momento de los próximos cinco años a un precio de 70 dólares por acción. En el caso de un *warrant* ordinario, esto significaría que su titular estaba autorizado a recibir una acción ordinaria de Viacom a cambio de 70 dólares en efectivo. Pero aquí no se trataba de un *warrant* ordinario. En este caso, el titular del *warrant* tenía una alternativa. Los 70 dólares podían abonarse en efectivo —y no había nada de extraño en esto. Sin embargo, también se podían pagar con 70 dólares en valor nominal de uno de los otros *merger securities* de la fusión con Paramount. ¿De qué *merger security* estamos hablando? De las obligaciones subordinadas intercambiables que he mencionado antes.

Lo más positivo fue que poco después de completarse la fusión por absorción de Paramount, estos *merger securities* se estaban cotizando a un 60 por ciento de su valor nominal. Esto quería decir que yo podía comprar 70 dólares en valor nominal de estos valores por solo 42 euros (60 por ciento de 70 dólares). Si yo también compraba los *warrants* a cinco años para adquirir acciones de Viacom, bajo determinadas circunstancias descritas en el documento de delegación de voto, yo tendría efectivamente el derecho de comprar la acción de Viacom no a 70 dólares sino solamente por los 42 dólares que costaban los *merger securities*. Yo disfrutaría de este derecho durante cinco años. Viacom se cotizaba a 32 dólares. El derecho a comprar la acción a 42 dólares durante cinco años era mucho más valioso que el derecho a comprar la acción a 70 dólares. Si no hubiera leído la parte del documento de delegación de voto dedicada a los *merger securities*, no habría sido posible que hubiera tenido conocimiento de la existencia de esta oportunidad.

Lo creas o no, para cualquiera que aún le importara había todavía otra sorpresa. Si la fusión propuesta entre Viacom y Bockbuster se completaba más adelante (lo cual realmente ocurrió) las condiciones de los *warrants* cambiarían y el valor de las obligaciones subordinadas intercambiables aumentaría de forma espectacular. No es necesario conocer los detalles, pero la conclusión era que, independientemente de lo que sucediera, la compra conjunta de *warrants* y obligaciones era un negocio ganador.

Una vez más, aunque esto pueda parecer complicado, los pormenores de esta situación no son relevantes. Lo importante es que yo no aprendí nada de esto en la escuela. Nadie me contó que los *merger securities* de Paramount tenían esas disposiciones tan extrañas. Tan solo sabía lo suficiente para leer sobre los *merger securities* en el documento de delegación de voto. En este documento se explicaba cómo funcionaban los *merger securities*. Es muy probable que los próximos *merger securities* tengan unas disposiciones totalmente diferentes. Tan solo recuerda que debes leer lo que se dice de ellos. Invierte solamente en aquellos que sean atractivos y que comprendas. Sin duda, tan solo buscando oportunidades en un área atractiva como la de los *merger securities* ya estarás muy por delante de los demás. Incluso en un tipo de adquisición tan mediática como la de Paramount, la mayoría de inversores no prestan una gran atención a los *merger securities*. No es raro que en situaciones más típicas los *merger securities* sean completamente ignorados, ya que la mayoría de adquisiciones no ocupan la primera página de los periódicos durante varios meses. Por suerte, la mayoría son más fáciles de entender que los incluidos en la fusión con Paramount, pero a menos que hagas el esfuerzo de leer sobre ellos, pasarás por alto la posibilidad de beneficiarte de un área tremendamente lucrativa.

Breve resumen

1. Arbitraje de riesgo. NO
2. *Merger securities.* SÍ
3. El cuadrado de la hipotenusa de un triángulo rectángulo es igual a las suma de los cuadrados de los otros dos lados. (He incluido este punto porque el resumen era excesivamente breve).

5

Sangre en las calles
(esperemos que no sea la tuya)

Quiebra y reestructuración

Quiebra

Lo digas como lo digas, la quiebra no parece que sea la tierra de la oportunidad. La realidad es que lo es... y no lo es. El rincón del mundo de las inversiones que está ocupado por compañías que se encuentran en alguna fase de su procedimiento de quiebra está lleno de oportunidades —y de minas terrestres. Probablemente, el mejor modo de abordar esta área sea con una actitud abierta y positiva. Aunque los precios de los valores mobiliarios de las compañías implicadas en una u otra fase de un proceso de quiebra suelen estar fijados erróneamente, eso no significa necesariamente que todos los valores asociados a una quiebra sean baratos.

Por el contrario, en cuanto a inversiones en el área de las compañías en quiebra, escoger los candidatos y las circunstancias que te sean más favorables es el único medio de evitar que tú también acabes quebrado. Después de que revisemos (y eliminemos) algunas de las alternativas de inversión que se encuentran dentro del mundo de las quiebras, tú deberías ser capaz de añadir «la selección de tus candidatos y circunstancias más favorables» dentro del área de la quiebra a tu arsenal de armas inversoras.

Las compañías terminan en un tribunal de quiebras por todo tipo de motivos. Un negocio deplorable es solo uno de ellos. Entre otros, se encuentran mala gestión, expansión desmesurada, regulaciones de la Administración, responsabilidad de producto y condiciones cambiantes del sector. En muchas ocasiones, especialmente en la última década, negocios rentables y atractivos se ven obligados a declararse en quiebra a causa del excesivo apalancamiento asumido como consecuencia de una fusión por absorción o una compra financiada con deuda. En algunos de estos casos, el negocio era demasiado cíclico para poder hacer frente a pagos de deuda regulares. En otros, unas previsiones excesivamente optimistas y un exceso de deuda se combinaban para llevar a la quiebra a una compañía que, por otra parte, era competitiva. Son estas situaciones atractivas pero con exceso de apalancamiento las que crean las oportunidades de inversión más interesantes.

Sin embargo, independientemente de cual sea tu opinión acerca de las perspectivas de una determinada empresa, rara vez es una buena idea comprar las acciones ordinarias de una compañía que se ha declarado en quiebra recientemente. Los inversores que tienen acciones en una compañía quebrada ocupan las últimas posiciones en un procedimiento de quiebra. Empleados, bancos, titulares de bonos, acreedores comerciales (proveedores en su mayor parte), y el IRS (Internal Revenue Service) (Servicio de Impuestos Internos), se ponen en fila y todos van por delante de los accionistas cuando se trata de repartir los activos de la compañía quebrada. La idea que hay detrás de una declaración de quiebra bajo el Capítulo 11 del código de quiebra es proporcionar protección legal a una empresa para que esta pueda continuar funcionando mientras se trabaja para lograr un acuerdo con los acreedores. Aunque la quiebra proporciona a una compañía tiempo para reestructurarse, incluso cuando esta emerge con éxito de dicho proceso, raramente queda mucho valor para los accionistas que lo eran antes de declararse la quiebra. A pesar de este hecho, las acciones ordinarias de las compañías quebradas a menudo tienen unas valoraciones muy altas (y habitualmente injustificadas). Esta sobrevaloración puede ser debida al bajo precio de las acciones, a la ignorancia o a la especulación sin fundamento. Sin embargo, la razón de este fenómeno es irrelevante. Lo importante es recordar que la adquisición de acciones ordinarias de compañías quebradas rara vez es una estrategia de inversión rentable. (Por tanto, si tienes dinero para derrochar, no dudes en salir corriendo y comprar otro ejemplar de este libro).

Así pues, si la compra de acciones de una compañía quebrada no es una buena decisión, ¿qué queda para comprar allí? La respuesta es: todo tipo de cosas. En primer lugar, están los bonos emitidos por la compañía quebrada. En algunos casos, dichos bonos se cotizan a un 20 o 30 por ciento de su valor nominal. Con frecuencia, una compañía puede tener varios tipos de bonos: bonos senior asegurados, bonos senior subordinados, bonos junior, bonos subordinados, bonos cupón cero, etcétera, todos con diferentes características y todos negociándose a diferentes precios. Luego tenemos la deuda bancaria. Sí, la deuda bancaria. En los últimos años, ha brotado un mercado muy dinámico en el área de los préstamos bancarios impagados de las compañías quebradas. Hay toda una comunidad de firmas de corretaje especializadas en la negociación de la deuda bancaria de las compañías que están experimentando algún tipo de dificultades. Lógicamente, también existen diferentes variedades de deuda bancaria: senior, garantizada, no garantizada, etcétera —diferentes características y diferentes precios según la posición que ocupen en las reclamaciones incluidas en el procedimiento de quiebra—. En algunas ocasiones, la deuda bancaria también puede ser adquirida por una parte de su valor original.

Entre la lista de deudas de una quiebra que se negocian activamente se encuentran las reclamaciones de negocio o comerciales (*trade claims*). Se trata de las demandas de los proveedores de la compañía quebrada que no cobraron por los productos, materiales o servicios suministrados antes de la declaración de quiebra. Aunque la compraventa de las *trade claims* es bastante complicada, muchos brókeres que están especializados en la operativa de valores problemáticos también ofrecen un mercado para las *trade claims*.

Lamentablemente, solo porque puedas adquirir bonos, deuda bancaria y *trade claims* de compañías quebradas no significa que debas hacerlo. Durante el transcurso de una quiebra típica, hay todo tipo de problemas legales y financieros que deben resolverse, no solo entre el deudor y los acreedores, sino también entre las reclamaciones y prioridades de los diferentes tipos de acreedores. Las negociaciones que tienen lugar son específicas del procedimiento de quiebra y de las circunstancias individuales de cada compañía. Los inversores que se concentran en esta área, llamados a menudo inversores *buitre*, son expertos en desentrañar y entender los problemas legales y financieros implicados. En muchos casos, en las primeras etapas de una quiebra, la información financiera disponible es tan escasa, y las cuestiones legales y de plazos son tan inciertas, que incluso a este tipo de inversores solo les queda la experiencia pasada como guía para la toma de decisiones. Además, al igual que en el arbitraje de riesgo, este campo se ha sobrepoblado en la última década. Aunque sigue habiendo multitud de oportunidades disponibles para aquellos que desean invertir en los valores de compañías que están en quiebra, probablemente es mejor que concentres tus esfuerzos en otro campo, a menos que estés dispuesto a hacer de este tipo de inversión especializada tu ocupación a jornada completa.

¿Dónde? Bien, yo te lo diré. Yo no te haría perder el tiempo hablando de títulos de compañías en quiebra si no tuviera algo importante que explicarte al respecto.

¿Qué ocurriría si te dijera que hay un tiempo en el procedimiento de quiebra en el que todos los problemas complicados se han resuelto? ¿Qué ocurriría si te dijera que hay una documentación pública fácilmente disponible que resume en gran medida el resultado de los procedimientos de quiebra, junto a las previsiones de la dirección respecto a las operaciones futuras de la compañía? ¿Qué ocurriría si te dijera que hay una oportunidad de adquirir valores de vendedores que no los quieren y que nunca los quisieron? (Recuerda las *spinoffs* y los *merger securities*).

Bien, en resumen, hay un tiempo, está disponible y sí, tú puedes. Aunque la inversión en títulos de una compañía que aún está en quiebra conlleva todo tipo de complicaciones y riesgos, una vez que la compañía emerge de la quiebra, suele haber una oportunidad de hacer un nuevo tipo de inversión pero más familiar. Los titulares de deuda de la compañía quebrada —ya se trate de deuda bancaria, bonos, o *trade claims*— no suelen cobrar sus reclamaciones en efectivo. En primer lugar, la mayoría de compañías que se declaran en quiebra no tienen demasiado dinero en efectivo a su alrededor. Aunque la mayoría de titulares de deuda senior pueden recibir algún dinero en efectivo, habitualmente los poseedores de deuda reciben títulos a cambio de sus reclamaciones de cobro previas a la quiebra, generalmente bonos recién emitidos o acciones ordinarias. Por tanto, los nuevos accionistas y titulares de bonos de una compañía que ha emergido recientemente de la quiebra son en su mayor parte los antiguos acreedores de dicha compañía. Los antiguos accionistas, los inversores que poseían acciones antes de la declaración de quiebra, suelen ser totalmente barridos o bien se les entregan *warrants* o acciones ordinarias de la nueva compañía por valor de unos pocos centavos

Tu oportunidad procede del análisis de las nuevas acciones ordinarias. Antes de que estas empiecen a cotizarse, toda la información acerca del procedimiento de quiebra, la marcha anterior de la compañía, y la nueva estructura de capital está fácilmente disponible en un documento de divulgación (*disclosure statement*). Esta documentación se presenta al tribunal de quiebras y puede obtenerse directamente de la compañía en cuestión, de un servicio privado de documentación (véase capítulo 7) o, bajo ciertas circunstancias, de una documentación presentada a la SEC conocida como comunicado de registro. El documento de divulgación —debido a que proporciona previsiones de la dirección sobre el futuro del negocio— contiene realmente más información que el comunicado de registro que se cumplimenta para una nueva emisión de acciones más típica. En resumen, se explican las complicaciones pasadas del procedimiento de quiebras mientras que se expone el futuro (por lo menos lo que piensa del mismo la dirección) para que todos lo vean. Lo que ocurre es que a muchos de los nuevos accionistas de la compañía puede que no les importe.

Como las nuevas acciones son emitidas inicialmente para bancos, antiguos titulares de bonos y acreedores del negocio, hay muchas razones para creer que los nuevos titulares de las acciones ordinarias no estén interesados en ser accionistas a largo plazo. Debido a un desafortunado cúmulo de circunstancias, estos antiguos acreedores quedan atrapados en una inversión no deseada. Por consiguiente, es lógico que se muestren ansiosos y dispuestos a vender. De hecho, una suposición razonable podría ser que los bancos, los inversores en bonos y los proveedores tienen todos los motivos para vender sus acciones ordinarias en el menor plazo de tiempo posible. Aunque este escenario tiene sentido y a menudo da lugar a oportunidades de gangas, cuando se trata de invertir en las nuevas acciones de compañías que anteriormente estaban en quiebra, estoy obligado a repetir este valioso consejo: escoge los candidatos y las circunstancias que te sean más favorables.

Al contrario que en el caso de las *spinoffs*, es dudoso que la compra aleatoria de acciones que han emergido recientemente de una quiebra resulte en una cartera de excelentes inversiones a largo plazo. Es probable que haya varias razones para ello. Una de las razones es que la mayoría de compañías que ya han pasado un tiempo por un tribunal de quiebras es por alguna razón. Muchas se dedican a negocios difíciles o poco atractivos, son poco competitivas en su sector o bien participan en nichos de mercado menguantes. Muchas no disponen del capital para competir eficazmente, incluso después de deshacerse de obligaciones de deuda en el procedimiento de quiebra. Si el negocio de una compañía fuera fácilmente vendible, los acreedores habrían forzado la venta en muchos casos mientras la compañía aún estaba en quiebra. La consecuencia es que, en muchas situaciones, la calidad de las compañías que salen de una quiebra no es tan magnífica y los rendimientos a largo plazo de sus acciones tienden a reflejar este hecho (aunque los auténticos casos perdidos suelen liquidarse y nunca llegan a salir de la quiebra).

No obstante, todavía sigue siendo razonable que la combinación de unos vendedores ansiosos con unos negocios impopulares por lo menos debería llevar a unos bajos precios iniciales de las acciones. De hecho, un estudio llevado a cabo en 1996 por Edward Altman, Allan Eberhart y Reena Aggarwal[3] descubrió que las acciones de las compañías que salían de una quiebra superaban de forma significativa el rendimiento del mercado. Durante el período del estudio de 1980 a 1993, las acciones recién distribuidas procedentes de una quiebra superaron a los índices relevantes del mercado en más de un 20 por ciento durante los primeros 200 días de cotización. No obstante, hay que tener cuidado con estas estadísticas porque no siempre ocurre así, en especial en algunas de las quiebras de mayores dimensiones. (Según el estudio, gran parte del rendimiento procedía de las acciones con los valores de mercado más bajos. Por tanto, puede ser difícil que los grandes inversores dupliquen dichos resultados).

A lo largo de los últimos años, uno de los grupos que hemos citado antes —los inversores buitre— ha tenido un efecto cada vez mayor sobre el mercado de las quiebras. Estos inversores han sido proclives a comprar la deuda bancaria, los bonos y las *trade claims* de una compañía que aún está en quiebra antes de que estas obligaciones se intercambien por acciones y deuda recién emitidas. Los inversores buitre apuestan a que el nuevo paquete de acciones y deuda se cotizará a un precio suficientemente elevado para generar un beneficio. Su esperanza es «crear» la nueva acción a un precio atractivo a través de la adquisición de las obligaciones de deuda de la compañía quebrada. En cierto sentido, las acciones recién emitidas ya han sido «seleccionadas

---

3. Edward Altman, Allan Eberhart y Reena Aggarwal, «The Equity Performance of Firms Emerging from Bankruptcy», *New York University Salomon Center and Georgetown School of Business Working Papers*, Mayo de 1996.

por los inversores buitre» antes de que los inversores en acciones convencionales hayan echado un primer vistazo.

Así pues, ¿para qué preocuparse buscando oportunidades en medio de las acciones recién emitidas de compañías recientemente quebradas? La principal razón es que, a pesar de los buitres merodeadores, las condiciones siguen siendo propicias para que el precio de estas acciones se fije erróneamente. En primer lugar, estos inversores buitre, aunque conocen bien los entresijos financieros y legales de las quiebras, tal vez no tengan el mismo horizonte o perspectiva temporal que los inversores a largo plazo en valor. Asimismo, los buitres no suelen comprar toda la oferta disponible de títulos de deuda de una compañía quebrada. Eso deja a bancos, titulares de bonos y proveedores, un grupo que generalmente no persigue convertirse en héroe del mercado bursátil, con una amplia oferta de acciones listas para la venta.

Luego está Wall Street. Al contrario que las organizaciones de beneficencia y algunas recónditas tribus de Mongolia, no trabaja gratis. En el caso habitual, cuando una compañía vende sus acciones en una oferta pública inicial, se recluta a un ejército de brókeres incentivados con sustanciosas comisiones para que vendan las nuevas acciones a sus clientes. Las firmas de corretaje que están involucradas en la colocación de las acciones ponen a trabajar rápidamente a sus departamentos de investigación en la cobertura de la nueva emisión. Los directivos recorren el país para pregonar las perspectivas de la compañía. En cambio, Wall Street suele ignorar las acciones de las compañías que salen de una quiebra. Nadie tiene un interés especial en promocionarlas: no hay comisiones; no hay informes de investigación; no hay programas de difusión itinerantes. Entre la efímera base de accionistas y la falta de atención de Wall Street, puede hacer falta bastante tiempo para que el precio de unas acciones emitidas a través de un procedimiento de quiebra refleje de forma precisa las perspectivas de la compañía.

Por tanto, si a esas compañías se les suele fijar incorrectamente el precio, ¿cómo puedes distinguir las que son merecidamente baratas de las verdaderas oportunidades? Bien, una forma de resolver el problema es seguir el ejemplo de Warren Buffett y ceñirse a los buenos negocios. Esto debería estrechar el campo de juego de forma sustancial. Tal como hemos comentado anteriormente, un buen lugar para empezar es la categoría de compañías que se declararon en quiebra como consecuencia de un excesivo apalancamiento debido a una adquisición o a una adquisición financiada con deuda. Tal vez el rendimiento operativo de un buen negocio se trastocó debido a un problema a corto plazo y la compañía estaba demasiado apalancada para poder salvarse de la quiebra. Quizás aumentaron las ganancias de una compañía implicada en una fracasada compra financiada con deuda, pero no tan rápidamente como se esperaba inicialmente, forzando de ese modo la declaración de quiebra. En ocasiones, las compañías que han efectuado grandes adquisiciones acaban en la quiebra simplemente porque pagaron de forma desaforada la adquisición de una propiedad «trofeo».

Aún hay otra razón por la que una compañía, por lo demás competitiva, puede verse obligada a declararse en quiebra. Dicha razón es protegerse a sí misma de demandas judiciales de responsabilidad de producto. Si la responsabilidad se origina en una línea de productos discontinuada o aislada, las demandas judiciales suelen poder resolverse en el marco del procedimiento de quiebra, y puede volver a emerger una compañía viable. Walter Industries es un ejemplo de una buena compañía que resolvió con éxito sus responsabilidades relativas al amianto dentro del procedimiento de quiebra. Ocasionalmente, una compañía puede salir de la quiebra mediante el desprendimiento de líneas de negocio que no son rentables mientras asienta su futuro en una o dos divisiones rentables que tienen perspectivas atractivas. Esta estrategia puede conseguir que un negocio secundario pero atractivo sea el principal impulso de la compañía en la fase posterior a la quiebra. La multiplicación por cien del precio de las acciones de Toys R Us, el negocio superviviente que emergió de la quiebra de Interstate Department Stores, es el ejemplo más conocido (y también más soñado) de lo que puede suceder a una acción huérfana que se ha creado a través de esta estrategia.

Por último, si te gustan los sectores marginales (es decir, que no sigues el consejo de Warren Buffett), siempre puedes escoger entre acciones muy baratas. Es posible que estas acciones no sean de compañías pertenecientes a los mejores sectores de actividad o a los más populares, pero, debido a la dinámica del procedimiento de quiebra, la acción puede estar barata en comparación con las de compañías similares de su sector de actividad. La nueva acción de una compañía anteriormente quebrada puede estar relativamente infravalorada porque los analistas de Wall Street todavía no la cubren, porque las instituciones no saben nada de ella o simplemente porque la compañía aún mantiene un cierto estigma como consecuencia de la declaración de quiebra. En otros casos, los inversores pueden creer que la nueva estructura de capital, aunque mejorada, sigue siendo demasiado arriesgada. Entonces, en estos casos, la ventaja sustancial también puede permitir a los accionistas beneficiarse espléndidamente si el negocio funciona bien.

Existe otra razón por la que el precio de una acción huérfana puede fijarse muy barato —un bajo valor de mercado. Este tipo de situaciones menos relevantes tal vez no atraigan a los inversores buitre porque estos no pueden establecer una posición suficientemente importante en la deuda de la compañía quebrada que justifique el tiempo y el esfuerzo implicados en realizar la investigación necesaria. La misma lógica es aplicable a los analistas de investigación y a los inversores institucionales. Estas situaciones son de auténtica orfandad y las acciones pueden cotizarse muy baratas durante algún tiempo antes de ser descubiertas.

Sin embargo, al final, sería más recomendable que la mayoría de inversores se ciñeran a las pocas compañías que salen de la quiebra con los atributos de ser un «buen» negocio —compañías con un nicho de mercado, una marca, una franquicia o una posición de mercado fuertes—. Después de todo, tiene mucho sentido aplicar los conceptos de inversión de Buffett a un grupo de acciones huérfanas que no son seguidas estrechamente por Wall Street.

Estudio de caso
Charter Medical Corporation

Veamos a continuación una situación en la que yo entré en un negocio cuyas perspectivas eran inciertas (lo siento, Warren). Ya sabía que estaba pisando una capa de hielo muy fina, pero es que el precio y las ventajas ofrecidas parecían tan convincentes que fui literalmente absorbido.

En diciembre de 1992, había varias cosas sobre la acción de Charter Medical Corporation que parecían atractivas. Como había emergido algunos meses antes de una quiebra, se trataba de una acción huérfana clásica, que había llegado a cotizarse inicialmente a 8 dólares en su banda más alta y a 4,75 dólares en su banda más baja. Cuando dicha acción captó mi atención se cotizaba a un poco más de 7 dólares. A dicho precio, Charter, la compañía operadora de setenta y ocho hospitales psiquiátricos (junto con diez hospitales médico-quirúrgicos convencionales), parecía estar valorada sustancialmente por debajo de sus competidoras. Sin embargo, la carga deudora de la compañía, aunque sustancialmente reducida en el procedimiento de quiebra, seguía siendo considerable. Por otra parte, este apalancamiento incrementaba en gran medida el potencial alcista de la acción de Charter. El otro elemento de la situación que parecía atractivo era que las personas influyentes de dentro de la compañía tenían una participación significativa en el capital de la misma a través de la propiedad de acciones y opciones sobre acciones y, como ya sabes, esto me gusta.

El problema era que Charter estaba operando en un entorno sectorial muy difícil. Desde 1988, cuando Charter pasó de estar cotizada en Bolsa a ser de propiedad privada a través de un procedimiento de adquisición de los directivos financiado con deuda, los hospitales psiquiátricos habían sido amenazados por las compañías aseguradoras y las compañías proveedoras de gestión de atención médica para que redujeran sus costes. Durante los cuatro años que llevaron a la declaración de quiebra, la estancia media en uno de los hospitales de Charter (la estancia duraba el tiempo que las aseguradoras estuvieran dispuestas a pagar) había caído de casi treinta al día a menos de veinte. Con ello se ponía una presión evidente sobre los ingresos y el flujo de caja. Como la deuda de Charter había aumentado a más de mil millones de dólares como consecuencia de la compra apalancada y de un programa de inversiones importante, no había forma de que Charter estuviera en posición de poder cumplir con los pagos de intereses de su considerable deuda originada por la compra de la compañía. Cuando Charter presentó una *petición de quiebra preempaquetada* (lo que quiere decir que los acreedores habían estado de acuerdo en gran parte con el plan antes de que fuera presentado) en junio de 1992, las perspectivas del sector eran aún inciertas. La «única» diferencia a cargo del plan de quiebra fue que la deuda de Charter se redujo a 900 millones de dólares desde un nivel previo a la quiebra de 1.600 millones de dólares, que los antiguos acreedores se convirtieron en los propietarios de las nuevas acciones representando la inmensa mayoría del capital de Charter, y que las acciones en manos de los antiguos accionistas se diluyeron hasta una participación simbólica en la compañía reestructurada.

Basándome en las evaluaciones de las cadenas hospitalarias más comparables (aquellas con una mayor orientación al área psiquiátrica), mi impresión era que Charter tenía que cotizarse más cerca de los 15 dólares que de los 7 dólares en que se cotizaba cuando finalmente le eché un vistazo en diciembre de 1992. Esta discrepancia podía haberse debido a que Charter tenía una mayor presencia en el área psiquiátrica que algunas de las compañías comparables que había utilizado como referencia. Otros factores contribuyentes podían haber sido el grado de apalancamiento de Charter, el hecho de que desde la quiebra el negocio todavía estaba asociado a algún tipo de estigma y, en general, todas las demás razones por las que una acción huérfana podía estar cotizándose mediocremente —vendedores ansiosos y escaso o nulo seguimiento por parte de Wall Street.

En mi opinión, ninguna de estas razones justificaba la enorme discrepancia de precio. Según las previsiones del comunicado de registro y la marcha de las ganancias de la compañía durante los últimos doce meses que finalizaban en setiembre de 1992, el negocio de Charter parecía estar estabilizándose. El plan de Charter consistía en controlar los costes, intensificar el marketing para captar nuevos pacientes, y aumentar los servicios psiquiátricos ambulatorios. Se esperaba que estas acciones contrarrestaran el descenso de ingresos provocado por la tendencia hacia unas estancias hospitalarias más cortas. Parecía que el programa estaba bien encaminado. Además, Charter manifestó que estaba intentando vender sus hospitales convencionales. En caso de que esto sucediera, las preocupaciones de los inversores acerca del apalancamiento podrían verse reducidas en gran medida. Por último, algunos cálculos rápidos parecían indicar que Charter iba a ganar entre 2,50 dólares y 3 dólares de flujo de caja libre por acción (recuerda que hablaremos del flujo de caja libre más adelante). Aunque Charter seguía muy endeudada y su negocio estaba sujeto a las incertidumbres propias de un sector en continuo cambio, el precio de la acción a 7 dólares parecía barato tanto en términos absolutos como con relación a compañías similares.

Las cosas marcharon bien para Charter durante el siguiente año. Se contuvieron los costes, aumentaron los ingresos de pacientes, continuó creciendo el negocio de pacientes ambulatorios, y los hospitales convencionales fueron vendidos a un buen precio. Asimismo, Wall Street descubrió Charter Medical —el precio de las acciones se triplicó y pude venderlas obteniendo importantes ganancias. Sin embargo, aquí puedo haber tenido un poco de suerte. Si las hubiera mantenido después de las grandes ganancias iniciales no habría ganado nada con las acciones de Charter durante los tres años siguientes. Tal vez haya una lección a aprender de este mediocre rendimiento posterior.

Saber cuándo hay que mantenerlas, saber cuándo hay que venderlas

Es probable que este sea un momento tan bueno como cualquier otro para comentar la otra mitad de la ecuación de inversión: cuando hay que vender. El punto negativo es que la venta hace que la compra parezca fácil. Parece lógico comprar cuando las acciones están relativamente baratas, comprar cuando hay una tendencia a la baja limitada, comprar cuando aún no han sido descubiertas, comprar cuando las personas clave de dentro de la compañía están incentivadas, comprar cuando tengas una ventaja, comprar cuando nadie más las quiere. Pero vender es un asunto más difícil. ¿Cuándo se debe vender? La respuesta esquemática es «no lo sé». Sin embargo, te puedo dar algunos consejos.

Un consejo es que determinar el momento de la venta de una acción que ha estado implicada en algún tipo de operación extraordinaria es mucho más fácil que saber cuándo hay que vender la acción media. Esto se debe a que la oportunidad de compra tiene un marco de tiempo bien definido. Tanto si se trata de una *spinoff,* como de un *merger security*, o de nuevas acciones surgidas de una quiebra, existe un acontecimiento especial que origina la oportunidad de adquisición. Es de esperar que en algún momento posterior al acontecimiento, el mercado reconozca el valor que se desenmascaró a causa del cambio extraordinario. Una vez que el mercado haya reaccionado y/o las características que inicialmente te atrajeron a dicha situación sean bien conocidas, tu ventaja puede verse sustancialmente reducida. Este proceso puede tardar desde unas cuantas semanas a unos cuantos años. El desencadenante puede ser un aumento sustancial de la cotización de la acción o un cambio en los aspectos fundamentales de la compañía (es decir, que la compañía marcha peor de lo que esperabas).

¿Cuánto tiempo deberías esperar antes de vender? Tampoco hay una respuesta fácil a esta pregunta. Sin embargo, vaya por delante un consejo que a mí me ha funcionado bien: comercia con las acciones malas, invierte en las buenas. No, este consejo no pretende ser tan inútil como la popular recomendación de Will Rogers: «Compra y cuando suba vende. Si no sube, no compres». Lo que significa «comerciar con las malas e invertir en las buenas» es que cuando adquieras una ganga, determina qué tipo de compañía estás comprando. Si se trata de una compañía media que se encuentra en un sector difícil, y tu compraste porque un acontecimiento corporativo especial dio lugar a la oportunidad de una ganga, tienes que estar preparado para venderla en cuanto las características o atributos de la acción sean más conocidos a nivel general. En el caso de Charter Medical, aunque las ganancias de la compañía seguían siendo muy buenas después de que yo comprara las acciones, aún me acordaba de las dificultades y la incertidumbre que rodeaban a su negocio principal. Vendí las acciones cuando su cotización comenzó a reflejar informaciones positivas procedentes de analistas de Wall Street y la prensa general. No hay ciencia en ello. Las acciones aún parecían relativamente baratas, pero Charter se encontraba en un sector en el que yo no me encontraba cómodo invirtiendo a largo plazo. El beneficio de la operación (aunque muy superior al habitual) se debió en gran medida a la adquisición de una ganga como consecuencia de la negligencia inicial de los inversores con una acción huérfana.

Por otra parte, una compañía cuyas perspectivas y nicho de mercado contemplé más favorablemente, American Express, se convirtió en una inversión a largo plazo. American Express, como recordarás, era la compañía matriz de una *spinoff*. A mí me parecía que la imprevisibilidad del negocio de la *spinoff,* Lehman Brothers, estaba enmascarando el atractivo de los dos principales negocios de la compañía matriz, tarjetas de crédito y servicios de asesoría financiera. La adquisición de dichos negocios a un precio de nueve veces las ganancias antes de que tuviera lugar la *spinoff* parecía una oportunidad escondida de comprar acciones de una buena compañía a un precio de ganga. American Express poseía lo que parecían ser dos buenos negocios y, en consecuencia, yo me sentía mucho más cómodo manteniendo acciones de American Express a largo plazo. Por supuesto, un extraordinario cambio corporativo era responsable de parte de mi beneficio final, la *spinoff* que originó la oportunidad de efectuar la compra de una ganga. Sin embargo, el resto de mi beneficio fue debido a que los negocios de American Express seguían funcionando bien. Finalmente, el mercado estaba dispuesto a pagar un múltiplo mayor de las ganancias crecientes de American Express.

En circunstancias normales, yo no tengo la capacidad de identificar un buen negocio que además da la casualidad de que está muy infravalorado. Sí la tiene Warren Buffett y unos pocos individuos más. Cuando se buscan situaciones de inversión que ofrezcan oportunidades entre aquellas compañías que están sometidas a cambios corporativos extraordinarios, tengo una posibilidad aceptable de tropezarme con algunas buenas inversiones a largo plazo. La oportunidad creada o desenmascarada por el acontecimiento corporativo especial —eso es lo que me atrae, la calidad y naturaleza del negocio— eso es lo que suele determinar el período de tiempo de permanencia. Así pues, comercia con las acciones malas e invierte en las buenas. Si combinas este chisme con el consejo de Will Rogers no sabes lo lejos que puedes llegar.

Reestructuración corporativa

La reestructuración corporativa es otra área en la que cambios extraordinarios, que no siempre tienen lugar en las mejores circunstancias, pueden dar lugar a oportunidades de inversión. Aunque el término «reestructuración corporativa» puede significar muchas cosas, cuando hablamos de reestructuración no nos referimos a retoques menores sino a cambios importantes. Esto quiere decir la venta o el cierre de toda una división, y no una cualquiera. Estamos hablando de una gran división, por lo menos con relación al tamaño de la totalidad de la compañía.

Por supuesto, continuamente se producen reestructuraciones corporativas. Es una parte dolorosa y a veces necesaria del sistema capitalista. El tipo de situaciones de reestructuración en las que nos centraremos y las que ofrecen las oportunidades de inversión más claras son aquellas en las que las compañías venden o cierran divisiones principales para restañar pérdidas, saldar deudas o focalizarse en líneas de negocio más prometedoras.

La razón por la que las reestructuraciones corporativas importantes pueden ser un lugar provechoso en el que buscar oportunidades de inversión es que a menudo la división que se vende o liquida ha servido en realidad para ocultar el valor intrínseco de los otros negocios de la compañía. Un sencillo ejemplo podría ser el de un conglomerado que gana 2 dólares por acción y cuyas acciones se cotizan a trece veces sus ganancias, es decir, 26 dólares. En realidad, esas ganancias de 2 dólares pueden estar compuestas por las ganancias de dos líneas de negocio y las pérdidas de otra. Si las dos divisiones rentables están ganando realmente 3 dólares por acción mientras la tercera contribuye con 1 dólar de pérdidas, allí reside una oportunidad. Si la división que pierde dinero pudiera simplemente venderse o liquidarse sin pasivo neto, el conglomerado aumentaría inmediatamente sus ganancias a 3 dólares por acción. A un precio de 26 dólares la acción, esto reduciría el múltiplo de ganancias de trece a menos de nueve. En muchos casos, la venta o liquidación de un negocio atormentado por las pérdidas puede resultar en ganancias netas para la compañía. Por supuesto, esto haría que la oportunidad de inversión fuera más atractiva.

Al igual que los beneficios que resultan de las *spinoffs*, la venta de una división principal puede hacer que la compañía esté más focalizada, lo cual puede ofrecer verdaderas ventajas tanto a la compañía como a los accionistas. Esto beneficia tanto a la dirección de la compañía —que puede centrarse en operaciones más concretas y prometedoras— como al valor de la compañía en el mercado —que puede mostrarse dispuesto a pagar una prima por unas operaciones de negocio más especializadas y rentables—. Aunque pueda parecer contrario a la lógica (porque en muchos casos de este tipo se ha producido un fracaso del negocio) las compañías que se proponen una reestructuración importante suelen encontrarse entre las que más orientadas están al accionista. A menos que una compañía se encuentre en un peligro extremo, la decisión de vender una división principal es muy difícil de tomar. La mayoría de direcciones de las compañías que aplican un plan de este tipo están pendientes de los intereses de los accionistas.

Básicamente, hay dos formas de beneficiarse de la reestructuración de una compañía. Una de ellas es invertir después de que se haya anunciado que se producirá una reestructuración importante. Entonces suele haber una gran oportunidad a causa de la naturaleza única de la operación. Puede llevar algún tiempo que el mercado comprenda del todo las ramificaciones de una operación tan significativa. En general, cuánto más pequeña sea la capitalización de mercado de una compañía (y, por consiguiente, cuantos menos analistas e instituciones sigan la situación), más tiempo tendrás y mayor será la oportunidad de beneficiarte de un anuncio de reestructuración.

La otra forma de beneficiarse es invertir en una compañía que está madura para la reestructuración. Esto es mucho más difícil de hacer. Habitualmente no persigo este tipo de situaciones, aunque a veces te puedes tropezar con una sin buscarla. Lo importante es aprender a reconocer una compañía candidata a ser reestructurada cuando veas una. Si es evidente para ti, muchas direcciones de compañías (sobre todo las que tengan importantes posiciones en acciones) suelen estar pensando lo mismo.

Por lo menos, esto es lo que sucedió en el caso que vamos a describir a continuación.

✎ Estudio de caso
Greenman Brothers

Por lo que respecta a este caso, debo reconocer el mérito a quien corresponde. En primer lugar a mi esposa, quien sagazmente descubrió la oportunidad y, en segundo lugar, a Peter Lynch, que plantó la semilla.

Aunque siempre estoy intentando que mi esposa, una madre a jornada completa y abogada a tiempo parcial, se enganche al mercado bursátil, la verdad es que no sabía cuánto había progresado hasta que un día llegó a casa después de haber realizado un excelente trabajo de investigación. No muy lejos de nuestro hogar, mi esposa había descubierto una nueva tienda especializada en juguetes y artefactos educativos para niños. Estaba tan impresionada con el concepto y el ambiente que preguntó al responsable de la tienda (una sugerencia de Peter Lynch que al parecer ella se había tomado muy en serio) si este comercio, «Noodle Kidoodle», era propiedad de una compañía cotizada en Bolsa. La respuesta fue que era propiedad de Greenman Brothers y que cotizaba en el American Stock Exchange.

Después de investigar más a fondo, resultó que Greenman era una compañía distribuidora ligeramente rentable de juguetes, artículos del hogar y papelería. Greenman era la compañía intermediaria entre fabricantes y más de 7.000 comercios de venta al por menor. Las tiendas Noddle Kidoodle eran una nueva aventura empresarial de la compañía; la división esperaba crecer de forma sustancial si las primeras tiendas tenían éxito. Sin duda, el concepto me pareció muy prometedor. Cuando visité la misma tienda que ya conocía mi esposa, los productos únicos allí expuestos y la multitud de clientes parecía que gritaban: «¡Hey, esta tienda es magnífica!». No podía ver ninguna razón por la que si el concepto funcionaba para cinco o diez tiendas de ámbito local, no se podía cubrir todo el país con cien, doscientas o incluso más tiendas. Este es precisamente el concepto de comercio detallista del que Peter Lynch había dicho que se debía estar pendiente, y gracias a mi mujer yo estaba allí en la planta baja.

¡Qué gran concepto! ¡Qué nuevo producto tan fantástico! ¡Esto podría ser un éxito sonado! Estas son reflexiones que vienen a mi mente de vez en cuando, aunque yo hago todo lo humanamente posible para no tenerlos en cuenta. Siempre que se puede invertir en uno de estos grandes nuevos conceptos o productos a través del mercado bursátil, suele haber una etiqueta del precio junto a ellos. La cotización podía situarse en veinte, treinta o cincuenta veces los beneficios. En muchos casos, el ratio precio/beneficios podía ser infinito. En otras palabras, el negocio es tan nuevo que no hay beneficios; en el caso de «conceptos» quizás tampoco haya ventas. Mi actitud negativa hacia la inversión en acciones que crecen con rapidez (o que pueden crecer con rapidez) y que cotizan a altos múltiplos de sus beneficios probablemente me impedirá que invierta en el próximo Microsoft o Walmartt. No obstante, como no soy un mago de la previsión de la próxima tendencia tecnológica o del comercio detallista, también es probable que me pierda un montón de compañías perdedoras. Para mí, se trata de una compensación justa porque (como ya he indicado antes) si no se pierde, la mayoría del resto de alternativas son buenas.

Así pues, ¿qué diablos estaba yo haciendo en medio de Noodle Kidoodle considerando una gran inversión en Greenman Brothers? ¿Estaba simplemente apaciguando a mi esposa (habitualmente, si es que no siempre, una estratega juiciosa y rentable)? De ningún modo. Como había averiguado antes, Greenman competía sobre todo en el sector de la distribución. Aunque en este sector no se ganaba mucho dinero, lo más interesante es que la acción se cotizaba ligeramente por encima de los 5 dólares y su valor contable era superior a los 8 dólares. Dicho valor contable —el valor de los activos de Greenman (basado en costes históricos) menos todo el pasivo— no era el único indicador de la cotización de la acción. Después de todo, si Greenman no podía ganar mucho dinero con estos activos, ¿qué valían realmente? Al ser tan solo un distribuidor mayorista, un intermediario entre fabricantes y detallistas, Greenman no necesitaba demasiado en forma de activos fijos como instalaciones y equipos. La mayoría de activos de Greenman se concretaban en dinero en efectivo, efectos a cobrar, y existencias recién adquiridas, el tipo de activos que en la mayoría de circunstancias se podrían vender fácilmente.

En mi opinión, este insípido y apenas rentable negocio de distribución estaba enmascarando el potencial de un nuevo y magnífico concepto de comercio detallista. A un precio de menos de 6 dólares la acción, parecía que el mercado no estaba otorgando ningún valor en absoluto a las perspectivas de negocio de Noodle Kidoodle. Como Greenman ya había comunicado sus planes de ampliar considerablemente el número de tiendas de la cadena (suponiendo que las tiendas iniciales mostraran un éxito continuado), el nuevo negocio detallista podría finalmente eclipsar el potencial y los beneficios del negocio de distribución. El problema consistía en que, aunque yo tuviera razón respecto al inmenso potencial, una expansión de la magnitud que yo estaba esperando costaría dinero. Puesto que Greenman casi no tenía deudas, los préstamos podían ser una de las fuentes de fondos. Calculé que otra fuente de fondos podría ser el negocio de la distribución: si Noodle Kidoodle acababa teniendo éxito, quizás Greenmann podría vender su negocio de distribución. Incluso con un recorte del 25 por ciento en los 8 dólares de valor contable de los activos de Greenman se obtendrían unos ingresos de 6 dólares. Un recorte de un 40 por ciento aún significaría que yo estaba pagando prácticamente nada por un negocio por el que yo estaba extraordinariamente entusiasmado.

Pero espera un segundo. Yo ya había comentado que no me sentía cómodo invirtiendo en este nuevo concepto de compañías de gran crecimiento. Bien, en realidad lo que dije fue que aborrezco perder dinero con estos asuntos. Siempre me preocupa que pagar grandes múltiplos sobre los beneficios (o las ventas) basándome en mis previsiones de crecimiento futuro podía llevarme a sufrir pérdidas importantes. Ese es el tipo de inversión que me produce incomodidad. En nuestro ejemplo, a un precio por debajo de 6 dólares no estaba pagando nada por lo que yo consideraba que era el inmenso potencial de Noodle Kidoodle. A partir de lo que yo había observado, la nueva cadena de tiendas estaba predestinada a triunfar, y como yo estaba haciendo la apuesta gratuitamente, el precio era correcto.

Por supuesto, el entusiasmo por las primeras tiendas de Noodle Kidoodle se podía esfumar, la cadena podía tener competencia o la tendencia hacia los juguetes educativos podía ser tan solo un fenómeno local o una moda pasajera. Pero como yo no estaba pagando demasiado por el negocio, más bien al contrario, es probable que no fuera a perder mucho si las cosas salían mal. El riesgo de que el negocio de distribución de Greenman diera un gran giro negativo tampoco me preocupaba mucho. Aunque dicho negocio no estaba perdiendo dinero, si empezaba a hacerlo, dada la naturaleza vendible de sus activos, tal vez Greenman saldría del sector de la distribución y se concentraría en Noodle Kidoodle. Desde cualquier perspectiva, con el precio que estaba pagando, no había demasiados escenarios que finalizaran en una gran pérdida.

¿Qué ocurrió? Pues bien, la acción vagó sin rumbo durante algo más de un año, cotizándose en máximos de 7 dólares y en mínimos de 4 dólares. Durante este período de tiempo, las tiendas de Noodle Kidoodle siguieron funcionando bien y Greenman comunicó sus planes de abrir quince nuevas tiendas, con lo que se llegaría a un total de veinte a finales de 1995. Por otra parte, el negocio de distribución solo hacía que empeorar. En mayo de 1995, más de un año después de mi compra inicial, la acción todavía se seguía cotizando por debajo de los 6 dólares. Fue en esa época cuando Greenman anunció que estaba estudiando la posible venta de su negocio de distribución mayorista. En una nota de prensa, Greenman dijo que la venta «liberaría un capital que sería necesario para el crecimiento de nuestro negocio detallista Nooddle Kidoodle», que planeaba ampliar. De repente, Greenman ya no era la compañía distribuidora con un crecimiento lento y uniforme sino una dinámica compañía de venta al por menor con un alto crecimiento. La acción subió hasta los 11 dólares en un plazo de dos meses y hasta los 14 dólares al cabo de cuatro meses. Yo vendí mis acciones cuando se cotizaban entre los 10 y 11 dólares.

Eh, llámame gallina, pero yo tenía que vender. Greenman se había convertido en un valor que gozaba de una gran demanda. Ya no obtenía nada gratuitamente y además, ¿qué diablos sabía yo acerca de las acciones que se cotizan a altos múltiplos de sus beneficios o ingresos? La prosperidad todavía podía torcerse. Harían falta bastante más de veinte tiendas Noodle Kidoodle antes de que Greenman llegara a ser una compañía rentable. ¿Quién sabía los estragos que podían causar unos compradores volubles y la competencia en una incipiente cadena de jugueterías? En resumen, el salto en el precio había convertido a Greenman en el tipo de acción con cuya propiedad no me siento cómodo. Una reestructuración corporativa había liberado el valor oculto que yo había observado al principio, la historia había terminado y mi ventaja inicial había desaparecido.

Podrías decir que yo tuve entonces un poco de suerte. La dirección de la compañía podría haber tardado más tiempo en reestructurar el negocio o podría no haberse efectuado la reestructuración. Si yo invirtiera en todas las compañías con posibilidades de reestructurarse, tal vez estaría esperando siempre, y los rendimientos de mis inversiones, mientras yo esperara, probablemente no serían tan magníficos. Sin embargo, la situación de Greenman poseía tres cualidades que la hacían especialmente atractiva. Una tendencia a la baja limitada era una de ellas. El margen de seguridad debería estar siempre en el primer lugar de tu lista de inversiones. La siguiente característica que Greenman poseía era un negocio alrededor del cual reestructurarse. En este caso, si se vendía el negocio de distribución, Noodle Kidoodle seguiría funcionando como un negocio viable y atractivo. La tercera característica era la presencia de una especie de catalizador para poner las cosas en marcha. Greenman había tropezado con un apasionante nuevo concepto que si tenía éxito iba a necesitar una financiación sustancial. Si Noodle Kidoodle despegaba, Greenman iba a tener que sacar dinero de alguna parte. El hecho de que el negocio de distribución siguiera deteriorándose probablemente determinó que la decisión de reestructurar mediante la búsqueda de un comprador para el negocio fuera mucho más fácil.

Finalmente, ponerse en marcha para encontrar candidatos a una potencial reestructuración es un reto difícil. No creo que este sea un ejercicio provechoso para la mayoría de inversores. Por otra parte, «reconocer uno cuando veas uno» es el tipo de prospección que todos pueden hacer. Tan solo hay que asegurarse de que el negocio que inicialmente despierta tu interés es bastante grande con relación a la totalidad de la compañía para que marque una verdadera diferencia. Aunque estas oportunidades son escasas y aisladas, se puede ganar mucho dinero mediante la detección de un negocio atractivo antes de que haya sido descubierto a través de una reestructuración.

Evidentemente, una situación mucho más fácil de detectar es cuando una compañía viene directamente hacia ti y te dice que piensa reestructurarse. Ese es el motivo de que la mayoría de tus oportunidades de reestructuración pertenezcan a esta categoría. Incluso después del anuncio de una reestructuración, suele haber mucho tiempo para investigar y beneficiarse de la situación. De hecho, yo participé en la siguiente reestructuración solamente después de que la acción casi se triplicase. Afortunadamente, todavía quedaban muchos beneficios para los rezagados.

✎ Estudio de caso
General Dynamics

La primera vez que tuve noticias de General Dynamics fue en junio de 1992 . *The Wall Street Journal* informaba que la compañía, un importante contratista del Departamento de Defensa, planificaba la recompra de 13.000.000 de sus propias acciones de los accionistas, o lo que es lo mismo, el 30 por ciento del total de acciones en circulación de

General Dynamics. La oferta de compra de acciones se iba a materializar a través de un instrumento conocido como oferta de subasta holandesa. De acuerdo con ella, se ofrecía a los accionistas la posibilidad de devolver sus acciones a la compañía a un precio de entre 65,375 dólares y 75 dólares. Sobre la base del número de acciones ofrecidas y a qué precios, General Dynamics establecería un precio único que permitiera la recompra de los 13 millones de acciones. Todas las acciones que hubieran sido ofrecidas a este precio o uno más bajo serían adquiridas a dicho precio, según las condiciones de la oferta.

Cuando examiné la oferta y me informé acerca de la operación y sus antecedentes, los detalles concretos de cómo la acción iba a ser recomprada no parecían tan importantes. Lo que más me impresionó después de leer las informaciones de prensa y los documentos de la oferta (presentados a la SEC) fue el plan global que General Dynamics había puesto en marcha un año antes. Como consecuencia de unos presupuestos de defensa menguantes, un proceso que parecía estar acelerándose con el hundimiento de la Unión Soviética, General Dynamics había decidido revisar drásticamente su filosofía operativa. Bajo la dirección de William Anders, un antiguo astronauta del programa Apolo, la compañía se había embarcado en un importante plan de reestructuración con el objetivo de centrarse en unos selectos negocios esenciales. Al comienzo del nuevo programa, en febrero de 1991, se instituyó un plan de incentivos en acciones para veintitrés altos ejecutivos. En dicha época, los títulos de General Dynamics se cotizaban aproximadamente a 25 dólares por acción. En el momento en que yo analicé el valor, después del anuncio de la oferta de subasta holandesa en junio de 1992, la acción había subido a 71 dólares; los accionistas de la compañía ya habían ganado una fortuna y el espectacular aumento del precio de la acción había dejado a los altos ejecutivos de la compañía con más de 20 millones de dólares de beneficios.

Después de observar esto, ¿por qué simplemente no lo dejé de lado? Era obvio que había llegado tardísimo a la fiesta; los accionistas ya habían tomado el postre. Así pues, ¿qué me hizo mirar más allá? Bien, había un signo alentador en la primera página del documento de oferta. Se trataba de una información sobre el nivel de participación de los accionistas directivos en la oferta de recompra de acciones de la compañía. Incluso después de disfrutar de un espectacular aumento del valor de sus acciones, los directivos no estaban revendiendo ningún título a la compañía en la oferta de subasta holandesa. A mí esto me indicaba que las personas clave de dentro de la compañía, aquellas que estaban más familiarizadas con las perspectivas de la misma, creían que la acción seguía estando infravalorada. Si el título estaba efectivamente infravalorado al precio de recompra, los resultados podían ser espectaculares. Un cálculo matemático sencillo indicaba que recomprar una gran parte de acciones por debajo de su verdadero valor daría lugar a unos beneficios imprevistos para aquellos accionistas que las retuvieran en su poder. Además, los aumentos futuros del valor de la compañía se verían magnificados por la pequeña cantidad de acciones que seguían en circulación.

Una señal adicional de aliento procedió del propio plan de reestructuración. No solo parecía tener mucha lógica, sino que a pesar del enorme progreso realizado hasta entonces, estaba lejos de haber finalizado. Según el documento de oferta, bajo el título «Antecedentes y Estrategia de Negocio», General Dynamics tenía un plan de acción bien definido. La dirección de la compañía «estaba convencida de que el sector de defensa tendría que eliminar una sobrecapacidad sustancial para proporcionar a Estados Unidos una base industrial de defensa viable. Por tanto, se determinó que solo aquellos negocios que fueran líderes en sus respectivos mercados podían seguir siendo eficaces una vez que la racionalización del sector estuviera sustancialmente completa». De acuerdo con dicho principio, General Dynamics había seleccionado cuatro negocios esenciales en los que apuntalar su futuro. La compañía planificó «investigar permanentemente medios de fortalecer cada uno de dichos negocios a través de una posible combinación con otros, la creación de nuevas empresas que eliminaran instalaciones sobrantes, la adquisición de un negocio compatible o , en caso de que fuera conveniente, la venta de un negocio». Los restantes negocios de General Dynamics, los considerados «no esenciales» serían vendidos de acuerdo con el plan.

En esencia, General Dynamics iba a examinar las oportunidades de reestructuración para un futuro prolongado, tanto en sus negocios no esenciales, que sin duda iban a ser vendidos, como en sus negocios esenciales, que iban a ser reestructurados permanentemente. General Dynamics ya había vendido a lo largo del año anterior sus actividades en el campo informático y, una gran filial, Cessna Aircraft Company, por un total de casi 800 millones de dólares. Asimismo, en el mes anterior, la compañía había comunicado la venta de su negocio de misiles, con la que esperaba ingresar 450 millones de dólares adicionales.

Según el documento de oferta, el calendario para la venta de los restantes negocios no esenciales debía completarse antes de finalizar el año 1993. Los ingresos de las ventas se repartirían a los accionistas de General Dynamics. Además, como los negocios a venderse representaban más del 20 por ciento de todos los negocios de la compañía, los accionistas recibirían un tratamiento fiscal favorable sobre los repartos efectuados de acuerdo con lo indicado en el código tributario.

Esto nos lleva a la razón última por la que yo estaba interesado en la situación de General Dynamics. A pesar de que llegaba tarde a la reestructuración e independientemente de cuánto ya habían subido las acciones, el valor seguía pareciendo barato. En total, incluso después de gastar 950 millones de dólares recomprando acciones en la oferta pública de adquisición y excluyendo cualesquiera beneficios futuros parecía que General Dyanmics iba a acabar con bastante más de 1.000 millones de dólares en efectivo para devolver a los accionistas o para gastar en la consolidación de la posición de mercado de sus negocios esenciales. Restando los ingresos en efectivo esperados del precio de la acción obtenía un precio neto de los restantes negocios esenciales de General Dynamics. Incluso con unas estimaciones conservadoras, este precio significaba que yo estaba «creando» los negocios que continuaban de General Dynamics con un 40 por ciento de descuento con respecto a otros contratistas del Departamento de Defensa. Teniendo en cuenta el carácter focalizado del programa de eliminaciones de la compañía, y el hecho de que la dirección planeaba seguir reestructurando incluso los negocios esenciales, no creía que el descuento pudiera durar mucho tiempo. El historial de la compañía y el programa de incentivos de sus directivos me proporcionaban un elevado grado de seguridad de que el mercado daría crédito total a los valores que iban a descubrirse mediante el plan de reestructuración.

¿Qué ocurrió? Las cosas funcionaron mejor de lo que yo había esperado. A principios de julio de 1992, la compañía recompró los 13.000.000 de acciones a un precio de 72,25 dólares, reduciendo las acciones en circulación a menos de 30.000.000. Dos semanas después tuvo lugar un acontecimiento que alegraría el corazón de cualquier accionista. Warren Buffett anunció que había adquirido más de 4.000.000 de acciones o, lo que es lo mismo, el 15 por ciento de General Dynamics. (Como puedes ver, estás en buena compañía; en ocasiones incluso Buffett se siente atraído por estas situaciones corporativas especiales). A pesar de este sello de garantía ofrecido por el mayor inversor del mundo, todavía quedaba tiempo para comprar títulos de General Dynamics ya que se cotizaron entre 75 y 80 dólares durante casi dos meses después del anuncio de Buffett. De hecho, esta habría sido una buena jugada.

Las ventas de los negocios no esenciales proseguían y en diciembre de 1992 General Dynamics comunicó la venta de uno de sus negocios esenciales, la división de aeronaves de transporte táctico, por más de 1.500 millones de dólares. Aunque esta división era uno de los negocios esenciales seleccionados, la venta estaba de acuerdo con el plan general de General Dynamics expuesto en el documento de oferta: «investigar permanentemente medios de fortalecer» cada uno de dichos negocios «a través de una posible... adquisición de un negocio compatible... o de la venta de un negocio».

A lo largo del año siguiente, después de cada venta y anuncio de reparto de dividendos, reevalué mi plan de valoración inicial. El valor y el rendimiento de los negocios remanentes seguían mejorando en cada etapa. Hacia finales de 1993, el proceso de reestructuración de General Dynamics había dado lugar a repartos de dividendos de más de 50 dólares por acción y un precio del título, incluso después de los repartos, de más de 90 dólares por acción. Este total de más de 140 dólares significaba que el título se había más que doblado en menos de dieciocho meses, y todo había sucedido después de que yo me informara sobre la oferta de compra pública de acciones de la compañía en la prensa.

Sí, es verdad, yo llegué tarde a la fiesta. Pero en este caso, mejor tarde que nunca. Desde luego, no todas las reestructuraciones funcionan tan bien como esta. Es bastante sorprendente que un cambio en el panorama estratégico (junto a algunas condiciones de mercado favorables) pueda a su vez modificar la valoración del mercado del mismo conjunto de negocios de 25 dólares por acción a más de 140 dólares por acción en menos de tres años. Por otra parte, en los últimos años, los directivos han estado sintiendo la presión de conseguir que sus actividades estén más focalizadas y, por consiguiente, que sean más comprensibles para la comunidad inversora. Cada día surgen informaciones respecto a la decisión de otra corporación de reestructurar a través de una *spinoff* o la venta de un negocio no relacionado con su actividad esencial. La experiencia de General Dynamics y sus accionistas es simplemente un ejemplo extremo del tipo de valor oculto que puede liberarse a través de este proceso.

1. **Quiebra —algunos aspectos a recordar**
   a) La quiebra puede crear oportunidades de inversión únicas, pero tienes que ser meticuloso a este respecto.
   b) Por regla general, no compres las acciones ordinarias de una compañía quebrada.
   c) Los bonos, la deuda bancaria y las *trade claims* de compañías quebradas pueden ser inversiones atractivas, pero primero renuncia a tu trabajo cotidiano.
   d) Puede merecer la pena buscar entre las acciones recién emitidas de compañías que salen de la quiebra; al igual que en los casos de las *spinoffs* y los *merger securities*, las oportunidades las suelen crear unos vendedores ansiosos que no querían de ninguna manera estos títulos.
   e) A menos que el precio sea irresistible, invierte en compañías que operen con negocios atractivos o, como decía Damon Tunyon, «la carrera no la gana siempre el más veloz, ni el combate el más fuerte, pero esa es la forma de apostar.»

2. **Consejos de venta**
   a) Comercia con los valores malos, invierte en los buenos.
   b) Recuerda que el tema de la hipotenusa del capítulo anterior no te dirá cuándo tienes que vender, pero por lo menos estoy seguro de que es correcto.

3. **Reestructuración**
   a) Se puede descubrir un extraordinario valor a través de la reestructuración corporativa.
   b) Busca situaciones que muestren una tendencia a la baja limitada, un negocio atractivo sobre el que reestructurarse y un equipo directivo bien incentivado.
   c) En situaciones de reestructuración potencial, busca también un catalizador que ponga las cosas en marcha.
   d) Asegúrate de que la magnitud de la reestructuración es importante con relación al tamaño total de la compañía.
   e) Escucha a tu cónyuge. Siguiendo este consejo no te garantizo plusvalías, pero los dividendos son seguros.

6

Invertir con el dinero ajeno

Recapitalizaciones y *stub stocks,
leaps, warrants* y opciones

Ya te he hablado acerca de las *spinoffs* en el capítulo 3. Solo por dicha información ya merecería la pena pagar el precio de este libro. Si añadimos los capítulos 4 y 5 —*merger securities*, quiebras y reestructuraciones— ya estamos hablando de un valor de 60 dólares, como mínimo. Y ahora tú, ingrato, aún quieres más. Más riesgo, más recompensa, ¡más dinero! Bien, de acuerdo, te ayudaré.

Recapitalización y *stub stocks*

Una de las formas en que una compañía puede crear valor para sus accionistas es recapitalizando su balance. Durante una época en la década de los años 80, las recapitalizaciones fueron un medio popular a disposición de las compañías para defenderse de los ataques de empresas expertas en compras hostiles o para apaciguar a unos accionistas intranquilos. En general, en una operación de recapitalización, la compañía recompra una gran parte de sus acciones ordinarias con dinero en efectivo, bonos o acciones preferentes. Alternativamente, se puede repartir dinero o títulos directamente a los accionistas a través de dividendos. El resultado de una recapitalización suele ser una compañía altamente apalancada que todavía es propiedad de los accionistas originales. Aunque las recapitalizaciones no son tan populares hoy como lo fueron en un época (debido al gran número de compañías excesivamente apalancadas que se declararon en quiebra a finales de la década de los años 80 y primeros años de la década de los 90) aún hay buenas razones para aprender de ellas. Volveremos a ello más adelante.

Veamos en primer lugar cómo funciona una recapitalización. Supongamos que la acción de XYZ Corporation se está cotizando a 36 dólares. La compañía decide que una operación de recapitalización será buena para los accionistas y determina distribuir bonos recién emitidos por un valor de 30 dólares a sus propios accionistas. Teóricamente, si la acción de XYZ valía 36 dólares antes de repartir bonos por valor de 30 dólares a sus accionistas, después del reparto, el mercado valoraría la acción ordinaria a unos 6 dólares, aproximadamente. Si las cosas ocurrieran de este modo, las recapitalizaciones no serían un gran negocio. Pero no es así de simple.

En la práctica, las recapitalizaciones tienden a crear un valor adicional para los accionistas por una serie de razones. Una de las razones es que hay una ventaja fiscal por tener un balance apalancado. Supongamos que antes de la recapitalización, XYZ obtenía unos beneficios de 3 dólares por acción después de impuestos —con un ratio precio/ ganancias de 3 dólares, basándonos en una cotización de la acción de 36 dólares. Se asume que el tipo impositivo es del 40 por ciento, incluidos los impuestos federales. Por tanto, los beneficios antes de impuestos de la compañía XYZ son realmente de 5 dólares por acción (5 dólares de beneficios antes de impuestos menos 2 dólares de impuestos es igual a nuestros 3 dólares por acción de beneficios después de impuestos). Veamos ahora que sucede cuando apalancamos el balance a través de una recapitalización.

Si los 30 dólares en forma de bonos distribuidos a los accionistas incorporan un tipo de interés del 10 por ciento, entonces XYZ deberá 3 dólares cada año en concepto de intereses sobre los bonos. Como los intereses son gastos deducibles de impuestos para las corporaciones, los nuevos beneficios antes de impuestos de XYZ Corporation serán ahora de 2 dólares por acción (los 5 dólares anteriores de beneficios antes de impuestos menos los 3 dólares por acción en concepto de gastos de intereses). Asumiendo el mismo tipo impositivo del 40 por ciento, estos 2 dólares en beneficios antes de impuestos se convertirán en 1,20 dólares por acción después de impuestos. Así pues, si la acción ordinaria después de la recapitalización (generalmente conocida como *stub stock*) se cotizase a solo 6 dólares, el ratio precio/beneficios se reduciría a 5, un valor excesivamente bajo.

Probablemente, la cotización de la *stub stock* no se merece el mismo múltiplo de doce veces las ganancias que XYZ imponía antes de la recapitalización. Después de todo, la carga de la deuda enormemente incrementada aumenta el riesgo de las acciones ordinarias de XYZ para los inversores, y como a los inversores les gusta ser retribuidos por asumir un riesgo adicional, la *stub stock* debería cotizarse a un menor múltiplo de los beneficios. ¿Cuánto más bajo? No es una medida científica, pero un nuevo ratio precio/ganancias de 8 o 9 no sería irrazonable. De ese modo, la *stub stock* se cotizaría a 10 dólares (para un ratio PER de 8,33), lo que nos daría un valor total del paquete de recapitalización de unos 40 dólares por acción (30 dólares en deuda más 10 dólares de la *stub stock*) frente al precio original previo a la recapitalización de 36 dólares.

¿Es lógico este resultado? Los activos de XYZ no se han modificado. La capacidad del negocio de generar ventas y ganancias es la misma. De todos modos, ¿de dónde proceden los 4 dólares de ingresos para los accionistas? ¿No es este tema de la recapitalización tan solo una cortina de humo? Ya sabes, eso que se denomina la ingeniería financiera. Pues no, no es eso.

El truco está en los impuestos. Antes de la recapitalización, de los 5 dólares de beneficios antes de impuestos, 3 dólares iban a los accionistas en forma de beneficios y 2 dólares a Hacienda en forma de impuestos. Después de la recapitalización, 3 dólares van a parar a los accionistas en forma de pagos de intereses sobre los bonos recién emitidos más 1,20 dólares en forma de beneficios de las *stub stocks*. Esto nos da un total de 4,20 dólares que va a manos de los accionistas frente a solo 3 dólares antes de la recapitalización. La tajada de Hacienda es tan solo de 0,80 dólares como consecuencia de la recapitalización, reduciéndose desde los 2 dólares de antes de que tuviera lugar la recapitalización. No es una cortina de humo. El apalancamiento del balance (pero no un apalancamiento excesivo) resulta ser desde una perspectiva fiscal un modo más eficaz de distribuir los beneficios a los accionistas.

Por supuesto, tú no vas a tener noticias de una recapitalización hasta después de que se haya anunciado en la prensa. Gran parte del ingreso de 4 dólares creado por la operación de recapitalización ya estará reflejado en la cotización de la acción de XYZ antes de que tengas la oportunidad de invertir. Con todo, las recapitalizaciones pueden proporcionar una gran oportunidad de obtener un beneficio. Por ejemplo, en situaciones de recapitalización en las que se distribuye deuda o valores preferentes directamente a los accionistas, las oportunidades de obtener beneficio pueden ser similares a las disponibles a través de la inversión en *merger securities*. En general, los inversores que eran titulares de las acciones ordinarias de XYZ no quieren la deuda de la compañía ni valores preferentes. Por consiguiente, poco después de que dichos valores recién emitidos se repartieran solían ser vendidos de forma indiscriminada. Pero ya conoces esta historia y, en cualquier caso, es la otra parte de la historia de la recapitalización la que puede ser verdaderamente apasionante.

Esta parte conlleva la inversión en *stub stocks* —la participación accionarial que permanece después de que la compañía haya sido recapitalizada—. Aquí es donde puedes ganar dinero de verdad. Básicamente, invertir en *stub stocks* es como invertir en la porción de capital de una compra apalancada cotizada públicamente. Muchas compras apalancadas han tenido un rendimiento de cinco o diez veces la inversión de capital original, y varias *stub stocks* han producido rendimientos igualmente espectaculares. Por supuesto, hay muchas compras apalancadas que han fracasado y también se ha evaporado el valor de algunas *stub stocks*, pero la recompensa de las que han ido bien puede compensar con creces a unas pocas perdedoras. De hecho, casi no hay ninguna otra área del mercado bursátil en el que la investigación pueda recompensarse de forma tan rápida y generosa como en un análisis detenido de *stub stocks*.

¿Por qué la inversión en *stub stocks* puede ser tan lucrativa? La respuesta es bastante sencilla: todo está en los números. Aunque antes hemos hablado de los diversos beneficios y riesgos de invertir en compañías apalancadas, la revisión de los cálculos, una vez más, no puede hacer otra cosa que ayudar a destacar la oportunidad. En nuestro ejemplo, asumimos que los beneficios antes de impuestos de XYZ mejoran un 20 por ciento, pasando de 5 dólares por acción a 6 dólares. Suponiendo que no hay recapitalización, un tipo impositivo del 40 por ciento llevará los beneficios después de impuestos a 3,60 dólares por acción. A un múltiplo de 12 veces los beneficios, la acción pasará de 36 dólares a 43,20 dólares, un aumento del 20 por ciento.

Si asumimos que XYZ lleva a cabo la recapitalización, la historia parece un poco distinta. Utilizando el asumido aumento de los beneficios antes de impuestos a 6 dólares, y restando los 3 dólares de intereses pagaderos sobre los bonos repartidos en la recapitalización, tenemos un resultado de 3 dólares de base imponible. Después de pagar el 40 por ciento en impuestos, los beneficios después de impuestos de la *stub stock* de XYZ se quedan en 1,80 dólares por acción. Utilizando el mismo múltiplo anterior (8,33 veces las ganancias), la *stub stock* de XYZ vale ahora 15 dólares, un aumento de un 50 por ciento respecto al precio original de 10 dólares. Si damos un paso más veremos que la acción puede considerase menos arriesgada, ahora que los beneficios antes de impuestos superan sus gastos de intereses aún más holgadamente que en el escenario original. Un ratio precio/beneficios de 10 podría parecer razonable. Por tanto, la *stub stock* podría cotizarse realmente a 18 dólares (10 veces 1,80 dólares en beneficios), o lo que es lo mismo con un aumento del 80 por ciento sobre el precio original de 10 dólares. Una vez más, este aumento porcentual del 80 por ciento fue posible gracias a un incremento relativamente modesto del 20 por ciento de los beneficios antes de impuestos. Como puedes imaginar, cuando funcionan, las recapitalizaciones apalancadas pueden ser tanto divertidas como rentables.

Lamentablemente, como he mencionado antes, los inversores de hoy en día no disponen de muchas oportunidades de invertir en *stub stocks* de compañías recapitalizadas. Las recapitalizaciones no están de moda, como mínimo, por el momento. Sin embargo, si la idea de invertir en acciones apalancadas aún te entusiasma, tengo dos sugerencias que hacerte. La primera es que la inversión en *spinoffs* apalancadas puede ofrecerte tanta rentabilidad como la inversión en *stub stocks* —y no hay absolutamente nada de malo en analizar detenidamente esta área, excepto que ya la hemos cubierto—. La segunda sugerencia es lo que yo te prometí al principio del capítulo: una forma de utilizar lo que hayas aprendido sobre recapitalizaciones en tu propio beneficio. Como en su mayor parte las compañías no están persiguiendo la ruta de la capitalización, crear tu propio tipo de recapitalización es un medio que puedes utilizar.

Pero antes de que lleguemos a esto volvamos a la edad de oro de las recapitalizaciones, a mitad de la década de los años 80, para ver cómo una de ellas funciona en la vida real.

✎ Estudio de caso
FMC Corporation

En febrero de 1986, FMC Corporation, una compañía contratista del departamento de Defensa y fabricante de productos químicos y maquinaria, comunicó sus planes de llevar a cabo una importante recapitalización. Esta maniobra de FMC estaba motivada por la preocupación de que la compañía fuera acosada por un pretendiente hostil. Después de revisar las alternativas disponibles, el consejo de administración de FMC decidió que la recapitalización era la mejor manera de eludir una potencial adquisición. Se esperaba que la recapitalización impulsara al alza la cotización de la acción de la compañía y que además proporcionara a la dirección y los empleados de la compañía una mayor participación accionarial en la empresa. Si la recapitalización tenía éxito, se disuadiría al pujador hostil y la dirección y los empleados retendrían el control de su propio destino.

Según las condiciones de este plan, por cada acción de FMC los accionistas recibirían 70 dólares de dinero en efectivo así como una nueva acción de la compañía recapitalizada. En lugar del pago en efectivo, los directivos accionistas de la compañía y los accionistas incluidos en el plan accionarial para los empleados de la compañía, recibirían acciones adicionales de la compañía recapitalizada. Así pues, en lugar de recibir 70 dólares en efectivo, los directivos accionistas recibirían 4 ⅔ de acciones adicionales de la compañía recapitalizada. Esto significaba que los directivos recibirían un total de 5 ⅔ de acciones de la *stub stock* recapitalizada por cada acción de FMC que tuvieran en su poder antes de la recapitalización. Después de que el plan fuera completado, la participación de las personas clave de dentro de FMC pasaría de representar el 19 por ciento de las acciones de la compañía a más del 40 por ciento.

Al principio, el plan parecía que producía el efecto deseado. La acción de FMC que se había estado cotizando a 70 dólares antes de que empezaran a circular rumores de adquisición alrededor de la compañía, aumentó hasta unos 85 dólares por acción después de que se anunciara el plan de recapitalización. Esto implicaba que el mercado estaba asignando un valor aproximado de 15 dólares a la *stub stock* que permanecería después de repartir los 70 dólares a los accionistas externos. Sin embargo, los rumores de adquisición no amainaron y la cotización de la acción siguió subiendo hasta unos 95 dólares a lo largo de las seis semanas siguientes. A principios de abril, Ivan Boesky, el infame operador de adquisiciones y, en ocasiones, saqueador corporativo, comunicó que había comprado una participación del 7,5 por ciento de las acciones en circulación de FMC. Afirmó que el plan de recapitalización era excesivamente generoso con los directivos accionistas y que pensaba oponerse al plan cuando fuera votado por los accionistas el mes siguiente.

En parte como respuesta a la oposición de Boesky al plan y en parte por el significativo aumento del precio de la acción, la compañía anunció una enmienda al plan varias semanas más tarde. Citando «las condiciones económicas y de mercado actuales que reflejan unos tipos de interés descendentes y un fuerte interés del mercado en el plan», FMC incrementó la suma de distribución en efectivo hasta los 80 dólares por acción. A pesar del mayor pago a los accionistas externos, el número de *stub stocks* que los directivos y empleados iban a recibir seguiría siendo el mismo que estaba previsto en el plan inicial. Un documento de delegación de voto en el que se describía el plan de recapitalización revisado se presentó a la SEC a principios de abril de 1996 junto a una votación de los accionistas programada para finales de dicho mes.

Como sabía que las *stub stocks* suelen producir beneficios espectaculares, leí el documento de delegación de voto con mucho interés. Lo que me llamó la atención fue una parte destacada del mismo titulada «Algunas Previsiones». En esta sección, la dirección de la compañía había expuesto la hipótesis más probable respecto a su cuenta de resultados, flujo de caja y balance a lo largo de los ocho años siguientes. Como ya he mencionado antes, yo me tomo las previsiones de las direcciones de las compañías con una cierta reserva. Las previsiones a largo plazo son aún más sospechosas. Pero en este caso, presté un poco más de atención. Después de todo, los directivos no se iban a llevar dinero en efectivo con motivo de la recapitalización; iban a renunciar a un dividendo de 80 dólares en efectivo a cambio de una mayor participación accionarial en la compañía recapitalizada. No solo eso, sino que entonces más que nunca, los directivos de FMC apostarían su fortuna y carrera profesional por el progreso de la compañía.

De acuerdo con las previsiones, se esperaba que en tan solo tres años FMC ganara 3,75 dólares por acción, con un flujo de caja libre después de impuestos de aproximadamente 4,75 dólares por acción.

En esa época, se preveía que los beneficios antes de impuestos superarían a sus gastos anuales de intereses por un ratio de 2 a 1, y a un múltiplo de quizás 10 veces el flujo de caja libre, la cotización de la *stub stock* podría estar aproximándose a los 50 dólares por acción. Con la acción de FMC negociándose aproximadamente a 97 dólares (y asumiendo que la recapitalización tuviera éxito), esto significaba que yo podía crear la *stub stock* a un precio de 17 dólares (precio de la acción de 97 dólares menos el reparto de 80 dólares en efectivo). Si las previsiones de FMC se acercaban a la realidad, esto se convertiría en una verdadera ganga.

¿Qué ocurrió? La acción se cotizaba a 40 dólares alrededor de un año después de completada la recapitalización y brevemente tocó los 60 dólares varios meses después, justo antes del *crack* de octubre de 1987. Sin embargo, para demostrar el viejo refrán de que la palanca funciona en ambos sentidos (es decir, gran potencial de subida y gran riesgo de bajada), la acción retrocedió todo el camino recorrido hasta los 25 dólares en las postrimerías del *crack* antes de instalarse en el entorno de los 35 dólares. ¿Qué me pasó a mí? Me perdí toda la acción. Por alguna razón que no puedo recordar, vendí mi posición en FMC a unos 26 dólares varios meses después de que se completara la recapitalización. Tal vez no estaba enamorado de la calidad de los negocios de FMC y tan solo seguí mi propio consejo de «comerciar con las acciones malas (o quizás me levanté de la cama con el pie izquierdo el día que decidí la venta). De todas formas, estaba contento de haberme perdido este tipo de «diversión».

Ah sí, casi lo olvidaba. Resultó que Boesky había adquirido su posición original en FMC basándose en información privilegiada de dentro de la compañía. Más adelante, la compañía lo demandó por forzar el aumento de 10 dólares de dividendo bajo el plan de recapitalización. Después de reconocer ante múltiples organismos que había cometido fraude con valores (incluido un sofisticado plan según el cual intercambiaba maletas repletas de dinero por informaciones de dentro de la compañía), Boesky fue condenado a varios años de cárcel. Esa es la razón de que finalmente te explique cómo poner tu conocimiento de las *stub stocks* y de su explosivo potencial de beneficio al servicio de un uso correcto.

LEAPS *(Long-Term Equity Anticipation Securities)*

Tal como he mencionado antes, existe una forma de crear tu propia versión de una *stub stock*. Simplemente escogiendo entre los cientos de LEAPS disponibles, tú puedes crear una situación de inversión que tiene muchas de las características de riesgo-recompensa de una inversión en el capital apalancado de una compañía recapitalizada. El término LEAPS no es más que un acrónimo para un contrato de opción a largo plazo. Si piensas que «esto está muy bien, pero ¿qué es una opción?», no le des demasiadas vueltas. Aunque hay dos clases de opciones —*put* y *call*— nosotros solo hablaremos de las *call*. Además, solo hablaremos de las *call* que se cotizan en el mercado de valores de ámbito nacional. (Muy bien. Esto no te ha hecho sentir mejor. De todos modos, sigue leyendo, hay mucho dinero en juego).

Una opción *call* es simplemente el derecho —pero no la obligación— a comprar una acción a un precio especificado durante un período de tiempo limitado. Por tanto, una opción *call* con vencimiento en junio para comprar la acción de IBM a 140 dólares concede al propietario de la *call* el derecho a comprar acciones de IBM a un precio de 140 dólares por acción hasta que la opción *call* venza en junio (se considera el tercer viernes de cada mes como fecha de vencimiento para las opciones cotizadas). Si en la fecha de vencimiento la acción de IBM se está cotizando a 148 dólares, la opción *call* valdría 8 dólares. Esto es debido a que el derecho a adquirir la acción a 140 dólares, cuando esta puede ser revendida inmediatamente a 148 dólares, vale 8 dólares. Si, por otra parte, la acción de IBM se cotiza a solo 135 dólares en la fecha de vencimiento de la opción *call*, entonces esta vence sin ningún valor. Esto es debido a que el derecho a adquirir la acción de IBM a 140 dólares (conocido como precio de ejecución o ejercicio) no vale nada si todo el mundo puede ir al mercado y comprar la misma acción por 135 dólares. Con esta explicación, hemos descrito los aspectos básicos, pero todavía queda un paso más.

Casi siempre que el mercado bursátil está abierto también lo está el mercado de opciones. No hay opciones cotizadas disponibles para cada acción que se cotice, pero las opciones se cotizan en miles de las mayores compañías. Por tanto, si una acción tiene opciones cotizadas, tú sueles poder comprarlas y venderlas durante las horas en que el mercado está abierto hasta su respectiva fecha de vencimiento. En nuestro ejemplo, las opciones *call* de compra de acciones de IBM a

140 dólares con vencimiento en junio se estuvieron cotizando durante meses antes de su vencimiento en junio. Ya hemos comentado lo que valdría la opción *call* en su fecha de vencimiento. La pregunta es: ¿Cuál es el valor razonable de la opción *call* antes de la fecha de vencimiento? Para ser más concreto, ¿cuánto deberías pagar por las opciones *call* si las compraras en abril, aproximadamente dos meses antes de que venzan? (Aunque en realidad tú no tienes que determinar el precio correcto de una opción *call*, es bueno conocer y entender de dónde procede el precio. *Nota:* a efectos de nuestra exposición, puede pasarse por alto el efecto de los dividendos).

Supongamos que la acción de IBM se está cotizando a 148 dólares en abril, dos meses antes del vencimiento de junio. Ya sabemos que si se tratara del tercer viernes del mes de junio, esas opciones *call* de IBM valdrían 8 dólares. Sin embargo, en abril es más probable que las opciones *call* se estén cotizando a 11,375 dólares. ¿Por qué? De hecho, hay dos razones. La primera es que el titular de las *call* no tiene que desembolsar 140 dólares durante otros dos meses, pero tiene el derecho a toda la revalorización de la acción hasta junio. Reflexiona sobre esto. Si la cotización de la acción de IBM aumentara otros 10 dólares en la fecha de vencimiento de junio, entonces se estaría cotizando a 158 dólares. El titular de la acción (desde abril) obtendría una ganancia de 10 dólares sobre su inversión de 148 dólares. Por otra parte, si las opciones *call* de IBM con vencimiento en junio de 140 dólares, pudieron adquirirse en abril por solo 8 dólares, entonces el titular de una opción *call* de 8 dólares también ganaría 10 dólares en el mismo período de dos meses. (Esto es debido a que en la fecha de vencimiento, el titular de una opción *call* podía comprar la acción a 140 dólares y venderla por 158 dólares; después de restar el coste inicial de 8 dólares, el beneficio obtenido sería de 10 dólares). Este resultado no sería justo.

Después de todo, el titular de la acción desembolsó 140 dólares adicionales para obtener el mismo beneficio. El titular de la opción *call* recibió el aumento de la cotización de IBM sin tener que invertir 140 dólares adicionales. Para compensar esto, los intereses que se podían haber obtenido sobre los 140 dólares durante los dos meses hasta el vencimiento deberían reflejarse en el precio de la opción *call*. Y así es. Suponiendo un tipo de interés del 6 por ciento, el interés obtenido sobre 140 dólares sería aproximadamente de 1,40 dólares por acción. Por tanto, además de lo que se conoce como valor intrínseco de la opción *call* —en nuestro ejemplo, la diferencia entre el precio de mercado de 148 dólares de la acción de IBM y el precio de ejercicio de la opción *call* de 140 dólares, o sea 8 dólares— también se incluye en el precio de la opción *call* un interés por la suma de dinero que el comprador de la opción *call* no tuvo que desembolsar por los dos meses que faltaban hasta el vencimiento. Así es como pasamos de un precio de la opción *call* de 8 dólares —el valor intrínseco de la opción *call*— a aproximadamente 9,40 dólares —el valor de la opción *call* que también incluye el interés sobre los 140 dólares que el comprador no tuvo que desembolsar—.

Pero ya te comenté que la opción *call* debería cotizarse aproximadamente a 11,375 dólares. ¿Qué es lo que justifica la diferencia de casi 2 dólares entre los 9,40 dólares que ya habíamos calculado y el precio real de 11,375 dólares? Es evidente que debe haber otra ventaja por el hecho de poseer opciones *call*, y efectivamente la hay. El comprador de la opción *call* solo puede perder la suma de dinero invertida en dicha opción. Aunque esto no parezca tan importante, cuando se compara con la posesión de la acción ordinaria de IBM sí lo es. Esto se debe a que en la fecha de vencimiento de junio, si la cotización de la acción de IBM cae hasta los 140 dólares, el titular de la opción *call* perderá su inversión original de 11,375 dólares. Si la acción de IBM cae hasta los 130 dólares, el titular de la opción *call* perderá los mismos 11,375 dólares. A 120 dólares, o incluso a 80 dólares, el titular de la opción *call* seguirá perdiendo solamente 11,375 dólares.

Es bastante evidente lo que le ocurre al pobre titular de la acción de IBM en este escenario. A un precio de 140 dólares en la fecha de vencimiento de junio, la cotización de su acción ha descendido 8 dólares con relación a su precio de compra de 148 dólares en abril. A un precio de 130 dólares en junio, la acción habrá descendido 18 dólares; a 120 dólares el valor de la acción habrá descendido 28 dólares; y a un precio de 80 dólares el descenso será de 68 dólares por acción. Como puede verse, hay un beneficio añadido por ser titular de opciones *call*. Se trata del beneficio de no perder más dinero cuando la cotización de la acción cae por debajo del precio de ejercicio de 140 dólares. ¿Cuál es el valor de esto? Bien, en este caso su valor es probablemente de unos 2 dólares. Así pues, si pagas los 2 dólares en concepto de «dinero de protección» como parte del precio de compra de las opciones *call*, entonces tu coste de 9,40 dólares se aproxima al precio de 11,375 dólares del que hablábamos antes. El coste de 2 dólares por asumir el riesgo por debajo de 140 dólares es de hecho el mismo coste que el de la opción *put* (pero ya te he dicho que solo íbamos a hablar de opciones *call*, así que ni una palabra más).

El balance final es que la compra de opciones *call* es como tomar dinero prestado para la compra de acciones, pero con protección. El precio de la opción *call* incluye los costes del crédito y el coste de tu «protección», así que no estás recibiendo nada gratis, sino que estás apalancando tu apuesta sobre el futuro rendimiento de una acción concreta. También estás limitando la suma que puedes perder en la apuesta sobre el precio de la opción *call*.

Así pues, volviendo al punto principal (el tema de «crea tu propia recapitalización»), la posesión de una opción *call* no es demasiado diferente de la posesión de una *stub stock*. Con una *stub stock*, has efectuado una apuesta apalancada sobre el futuro de una compañía y solo puedes perder la suma invertida en dicha acción. En nuestro ejemplo original, en el que la compañía con una acción cotizada a 36 dólares se recapitalizaba a través de repartir 30 dólares a sus accionistas, el resultado fue una *stub stock* apalancada que amplificó los cambios en el valor de la compañía subyacente. En aquel caso, un aumento de los beneficios relativamente modesto de un 20 por ciento dio lugar a un aumento del precio de la *stub stock* del 80 por ciento en uno de los escenarios. Por otra parte, si la compañía se declaraba en quiebra, el titular de una *stub stock* solo arriesgaba la suma invertida en dicha acción y no los 30 dólares de deuda asumida por la compañía para completar la recapitalización.

A pesar de la similitud existente entre las características de apalancamiento de *stub stocks* y opciones, los dos tipos de títulos difieren en un aspecto importante. Las opciones tienen una vida limitada; solo tienen valor hasta la fecha de vencimiento. Las *stub stocks* son acciones ordinarias así que en cierto sentido son como opciones *call* sin una fecha de vencimiento (aunque la *stub stock* puede perder totalmente su valor como consecuencia de un procedimiento de quiebra). Es esta vida ilimitada la que hace que las *stub stocks* sean tan atractivas. Esta es la razón de que la adquisición de LEAPS, que son simplemente opciones a largo plazo, pueda ser un medio atractivo de emular una inversión en *stub stocks*.

Aunque los LEAPS no tienen una vida ilimitada como las *stub stocks*, suelen poder adquirirse hasta con dos años y medio de margen hasta su vencimiento, lo cual suele ofrecer una buena oportunidad para que

TÚ PUEDES SER UN GENIO DE LA BOLSA

el mercado reconozca los resultados de un extraordinario cambio corporativo (como una *spinoff* o una reestructuración) o un giro radical en aspectos fundamentales (como un aumento de las ganancias o la resolución de un problema aislado o puntual). Además, dos años y medio suele ser un plazo de tiempo suficiente para que se descubran o recuperen popularidad muchas acciones baratas. Como la legislación fiscal actual favorece el mantenimiento de las inversiones por períodos superiores a un año, la adquisición de LEAPS también es un medio de recibir un tratamiento fiscal de aumentos de capital a largo plazo a la vez que se reciben las ventajas de una inversión en opciones.

Sin embargo, los LEAPS no pueden duplicar en cierto modo la dinámica de una recapitalización bien planificada. En una recapitalización, los directivos y empleados pueden ser incentivados utilizando la nueva *stub stock*. Teniendo en cuenta el enorme potencial al alza de las *stub stocks*, este puede ser un potente medio de desencadenar en una organización las fuerzas de la propiedad de acciones entre directivos y empleados. Asimismo, una compañía recapitalizada ofrece el beneficio inmediato de las ventajas fiscales de un balance apalancado. Evidentemente, la compra de LEAPS no afecta al *status* fiscal de una corporación. (Sin embargo, debido a que hay un coste de intereses implícito que se tiene en cuenta en el precio de los LEAPS, los gastos de intereses se incluyen en la base impositiva de los titulares de LEAPS).

Por otra parte, existe una enorme ventaja de los LEAPS sobre las *stub stocks*. Se pueden negociar LEAPS de cientos de compañías, mientras que la lista de *stub stocks* disponibles está restringida al número de compañías que han decidido recapitalizarse. Incluso en los años 80, la lista incluía solamente a un selecto grupo de empresas en un momento determinado. El hecho de que haya tantos LEAPS donde escoger —y que a ti, y no a la dirección de una compañía, te corresponda elegir qué acciones serían las mejores inversiones apalancadas— debería hacer de los LEAPS una alternativa de inversión muy útil.

Mientras que las oportunidades de *stub stocks* son fáciles de detectar, ya que las operaciones de recapitalización suelen anunciarse, las inversiones en LEAPS se desarrollan de un modo distinto. En la mayoría de los casos, la decisión de invertir en LEAPS será simplemente un subproducto de tus investigaciones en curso. Antes de que ni siquiera hayas pensado en LEAPS, una situación especial o una acción infravalorada te llamarán la atención como inversión atractiva por derecho propio. Solo después de que una inversión supere este primer obstáculo, te molestarás en comprobar si una situación de inversión seleccionada tiene LEAPS disponibles para negociar. Como mínimo, la comparación del ratio riesgo-recompensa de una acción con la oportunidad disponible a través de la inversión en el LEAPS asociado te proporcionará otra buena opción de inversión.

¿Cuánto dinero puedes ganar invirtiendo en LEAPS? Mucho. Pero no te fíes solo de mi palabra. Ver es creer. Así que echemos un vistazo a lo que el potente *punch* uno-dos de LEAPS —apalancamiento y período de tiempo largo— puede hacer para aumentar los rendimientos de buenas ideas de inversión en el mundo real.

Estudio de caso
LEAPS de Wells Fargo

¿Recuerdas lo que te dije acerca de robar las ideas de los demás? (Ya sabes: hay un mundo enorme ahí afuera; tú no puedes abarcarlo todo tú solo; aún tienes que hacer tus deberes). En el próximo capítulo, nos dedicaremos a comentar de dónde robarlas: la corta lista de publicaciones, boletines informativos y gestores de fondos que he descubierto que son las fuentes más valiosas de nuevas ideas. Sin embargo, antes de que lleguemos a ese punto, echemos un vistazo a una situación que yo «robé» de uno de mis boletines de inversiones favoritos, *Outstanding Investor Digest* (OID). Después de leer en OID un caso increíblemente convincente de inversión en acciones de Wells Fargo, llegué a la conclusión de que era una idea que tenía que robar. Me gustaba tanto que decidí apalancar mis rendimientos a través de la inversión en los LEAPS de la compañía. En este caso, debido al elemento añadido de protección que aportan los LEAPS, pude incluso mejorar una magnífica situación riesgo-recompensa

En diciembre de 1992, leí una entrevista realizada por OID a un gestor de inversiones de Lehman Brothers que era desconocido para mí, Bruce Berkowitz. El hecho de que no tuviera ni idea de quién era no importaba. La lógica y claridad de su supuesto de inversión para la acción de Wells Fargo eran arrolladoras por sí solas. En aquella época, Wells Fargo, un gran banco con sede central en California, se estaba cotizando a unos 77 dólares por acción. California se encontraba en medio de la peor recesión inmobiliaria desde los años 30. Wells Fargo concentraba con diferencia más préstamos a inmuebles comerciales que cualquier otro banco de California. Según Berkowitz, BankAmerica, el competidor más importante de Wells Fargo en California, tenía en su balance préstamos a inmuebles comerciales equivalentes a solamente a 48 dólares por acción (la cotización de su acción era aproximadamente de 47 dólares). Wells Fargo, por otra parte, tenía préstamos a inmuebles comerciales que totalizaban alrededor de 249 dólares por acción (en comparación con una cotización de su acción de 77 dólares). Además, Wells Fargo había asumido una provisión por pérdidas (reservas que prevén futuros préstamos incobrables) de 27 dólares por acción el año anterior, que había eliminado la práctica totalidad de sus ganancias. En los primeros nueve meses de 1992, Wells había provisionado 18 dólares por acción adicionales en concepto de pérdidas. Muchos inversores se preguntaban si Wells Fargo sobreviviría a la recesión inmobiliaria.

El supuesto de inversión de Berkowitz era bastante sencillo. Si se excluían las provisiones por pérdidas, Wells (ajustando según beneficios en efectivo y gastos puntuales) ya estaba ganando cerca de 36 dólares por acción antes de impuestos. Si el entorno inmobiliario se recuperaba alguna vez y llegaba a un nivel más normalizado, las provisiones por pérdidas debidas a préstamos incobrables, basándonos en nuestra experiencia anterior, probablemente caerían aproximadamente hasta los 6 dólares por acción sobre una base anualizada. Esto se traduciría en unos beneficios antes de impuestos normalizados de 30 dólares por acción, o bien en 18 dólares por acción en beneficios después de impuestos (suponiendo una tasa impositiva del 40 por ciento). A un precio de nueve o diez veces las ganancias, Wells Fargo podría estar cotizándose a 160 o 180 dólares por acción (frente a su cotización actual de 77 dólares). La pregunta no era cómo podía aumentar Wells Fargo su capacidad de generar ganancias para llegar a los 18 dólares por acción en beneficios después de impuestos. Wells ya estaba ganando esta suma —salvo por el efecto de las extraordinarias provisiones por pérdidas debidas a préstamos incobrables—. Según Berkowitz, la verdadera pregunta era: ¿Cuál era la forma apropiada de analizar las provisiones por pérdidas debidas a préstamos incobrables y hasta qué punto eran negativas?

Berkowitz explicó que la posición financiera de Wells Fargo era realmente bastante fuerte. Incluso los préstamos que Wells Fargo había clasificado en su balance como fallidos o no productivos estaban generando intereses para el banco (aunque para ser conservadores, estos intereses no se incluían en los beneficios declarados por el banco). Este tipo de préstamos no pagan la totalidad o parte de los intereses o se prevé que no podrían cumplir a su debido tiempo sus obligaciones de pago de intereses o de devolución del principal. Lejos de tener un valor nulo, estos préstamos, que equivalían al 6 por ciento de la cartera total de préstamos de Wells, aún tenían un rendimiento monetario del 6,2 por ciento. Esto significaba que en una época en que el tipo de interés preferencial (el tipo de interés que los mejores clientes del banco pagaban por sus préstamos) era del 6 por ciento y el coste del dinero de Wells (el interés que Wells pagaba a sus depositantes) era solo de un 3 por ciento, aproximadamente, la parte «cuestionable» de la cartera de préstamos de Wells aún estaba obteniendo unas rentabilidades en efectivo muy respetables superiores al 6 por ciento.

En otras palabras, si Wells era todavía capaz de recaudar unos pagos tan interesantes en concepto de intereses de estos préstamos fallidos o no productivos, tal vez no eran tan malos después de todo. Por lo menos, era lógico que una buena parte del valor nominal de este tipo de préstamos se recuperara en última instancia. De hecho, según Berkowitz, Wells era tan conservadora en la clasificación de sus préstamos que el 50 por ciento de los clasificados como fallidos estaban al día de sus pagos de intereses y de devolución del principal.

Además, a efectos de declaraciones de resultados y de provisionar reservas en su balance, Wells ya había asumido la peor situación para su cartera de préstamos fallidos o no productivos. Incluyendo las considerables provisiones por pérdidas debidas a préstamos incobrables para los dos años anteriores, las reservas para futuras pérdidas originadas por préstamos se quedaron en el 5 por ciento de la cartera total de préstamos del banco. Como en aquel momento solo el 6 por ciento del total de préstamos de Wells estaban clasificados como fallidos o no productivos (recuerda que estos préstamos estaban lejos de ser pérdidas totales), antes de que estas reservas del 5 por ciento fueran inapropiadas, o bien casi todos los préstamos fallidos tendrían que haber llegado a no tener ningún valor, o bien los préstamos que en aquel momento se consideraban productivos tendrían que empeorar de forma espectacular. Dado el nivel de evidente conservadurismo de Wells, ambas situaciones parecían altamente improbables.

Otros dos aspectos me convencieron para cerrar el negocio. El primero fue una comparación realizada en el artículo de OID entre Wells Fargo y BankAmerica. Según la mayoría de inversores, la acción de BankAmerica era una inversión mucho más conservadora que la de Wells. Sin embargo, aunque Wells tenía una exposición mucho mayor al mercado inmobiliario californiano (y, por tanto, más préstamos improductivos), ya disponía de unas reservas en previsión de pérdidas mucho mayores que las de BankAmerica. A pesar de dichas reservas, Wells Fargo seguía teniendo unos ratios de capital más altos que BankAmerica (ratio capital tangible sobre activos totales, etcétera), incluso después de ajustar su perfil de activos más arriesgados. Esta era otra señal de que Wells no estaba en tan mala forma como el mercado bursátil aparentemente creía.

El segundo aspecto era incluso más persuasivo. Con todos los préstamos no productivos, reservas en previsión de pérdidas y pérdidas reales debidas a préstamos, Wells Fargo aún no había incurrido en pérdidas en ninguno de sus 140 años de historia. La mayoría de compañías industriales no tiene ese nivel de previsibilidad para sus ganancias. En el que muchos consideraron que era el peor entorno inmobiliario de California en más de cincuenta años, Wells todavía se las arregló para sacar algún beneficio en 1991. Esto me indicaba que Wells era un buena apuesta para superar este difícil período y que un múltiplo de nueve o diez veces las ganancias normalizadas (un múltiplo de las ganancias sustancialmente por debajo de la mayor parte de compañías industriales) era un objetivo razonable y alcanzable para su acción. La conclusión era que si Wells sobrevivía a dicha crisis inmobiliaria y sus provisiones para hacer frente pérdidas anuales volvían a unos niveles normales, la cotización de la acción podría llegar a doblarse.

Aunque todo el análisis era tremendamente lógico, yo tenía algunas preocupaciones inquietantes. ¿Qué sabía del mercado inmobiliario de California? ¿Qué pasaría si el entorno californiano empeoraba de forma espectacular? Parecía que Wells era capaz de capear una tormenta seria, pero ¿qué pasaría si la única lluvia en ciento cincuenta años se transformaba en un monzón sin precedentes? De cualquier modo, yo nunca invierto en situaciones que supongan una certeza total. Todo lo que puedo pedir son situaciones que sean lógicas y ofrezcan rentabilidades atractivas teniendo en cuenta los riesgos implicados.

Pero, con todo, un banco es una institución curiosa. Nunca sabes cómo está exactamente compuesta su cartera de préstamos. Sus estados de cuentas solo ofrecen un panorama muy general de los activos del banco. Wells ofrece una cierta tranquilidad en esta área. Entre sus reservas, la «calidad» de sus préstamos no productivos, y especialmente su capacidad para obtener enormes rendimientos cada año. Wells parecía disponer de un gran colchón que cubriera cualesquiera pérdidas futuras por préstamos. No obstante, aún existía una posibilidad, no importa lo pequeña que fuese, de que la cartera de préstamos inmobiliarios del banco pudiera estropear lo que parecía una magnífica inversión.

Esta es la razón de que la inversión en LEAPS parecía tener tanta lógica. Mientras que la acción parecía una inversión excelente —combinando una gran oportunidad de doblar la cotización con una remota posibilidad de desastre— los LEAPS parecían todavía mejores. En aquellos momentos (diciembre de 1992), yo podía adquirir LEAPS de Wells Fargo que me concedían el derecho a comprar la acción a 80 dólares hasta enero de 1995 —con más de dos años por delante. En el momento en que se cumplieran estos dos años, yo calculaba que ya tendría bastante claro si Wells había sobrevivido o no a la crisis inmobiliaria de California. Si las cosas habían mejorado por entonces, había una excelente posibilidad de que la capacidad de generación de beneficios de Wells se reflejase en el precio de su acción; un precio de 160 dólares o más no parecía descabellado. Por otra parte, si esta grave crisis se convertía en una debacle inmobiliaria, la acción podía cotizarse sustancialmente por debajo de los 80 dólares. Y en el peor de los casos, se produciría una adquisición del banco por parte de la Administración donde los accionistas serían eliminados.

Con ese panorama, y a un precio de 14 dólares, las opciones *call* de enero de 1995 (conocidas como LEAPS por su larga duración) para adquirir acciones de Wells Fargo a 80 dólares parecían bastante atractivas. Estos LEAPS me ofrecerían el derecho a comprar acciones de Wells Fargo a 80 dólares la acción hasta que vencieran en enero de 1995. Si por entonces la acción Wells se cotizara a 160 dólares, estos LEAPS se dispararían hasta los 80 dólares —porque yo podría comprar la acción de Wells a 80 dólares y revenderla inmediatamente a 160 dólares—. Sobre una inversión de 14 dólares, esto significaría un beneficio de 66 dólares, o una ganancia que multiplicaba casi por cinco mi inversión original. Si Wells se desplomaba y desaparecía yo habría perdido solamente 14 dólares. Así pues, una de las formas de considerar una inversión en el LEAPS era la de una relación riesgo-recompensa de 1 por abajo hasta casi 5 por arriba.

Cuando examinabas este escenario extremo, la acción no ofrecía una relación riesgo-recompensa tan positiva. A un precio de 77 dólares, si la acción llegaba a los 160 dólares, los accionistas ganarían un poco más de 80 dólares. Si Wells no funcionaba, un accionista podía perder casi 80 dólares. Esta era un apuesta de 1 por arriba a 1 por abajo. Puesto que la situación de hecho descrita en la entrevista de OID parecía verificarlo, yo estaba realmente entusiasmado acerca de las perspectivas al alza de Wells. Tuviera o no tuviera razón, mi evaluación de las posibilidades para el caso extremo a la baja estaba por debajo del 5 por ciento. Aunque bajo este análisis las oportunidades de inversión, tanto en la acción como en el LEAPS parecían fantásticas, lo cierto es que el LEAPS ofrecía una mejor relación riesgo-recompensa.

Un supuesto más simple relativo a los LEAPS funcionaba de la siguiente forma: si me gustaba tanto Wells Fargo, ¿por qué no podía apalancar mi apuesta tomando dinero prestado para adquirir la acción? Bien, eso es precisamente lo que hice comprando el LEAPS. Así es como ocurrió: yo podía tomar prestado el total del precio de compra de la acción de Wells en diciembre de 1992. La única suma que tenía que desembolsar inicialmente era para el pago de intereses de mi préstamo. Estos pagos de intereses se extenderían durante los siguientes 25 meses, hasta enero de 1995. El truco era que los pagos de intereses no serían bajos; aunque los tipos no serían tan altos como los aplicados a mi tarjeta de crédito. Los intereses serían similares a los costes de tomar prestado por parte de una gran corporación con una calificación B o BB (se considera adecuada la capacidad de pago de la compañía y se aprecia que no hay indicios de insolvencia) de una agencia de calificación crediticia importante como Standard & Poor's.

Pero aquí viene la parte buena. Yo solo estaría obligado a estos pagos de intereses iniciales. Si la inversión en Wells Fargo salía mal (es decir, si la acción cotizaba a la baja e incluso llegaba a las proximidades de cero) yo no tendría que liquidar el principal del préstamo que utilicé para adquirir la acción. Mis únicas pérdidas serían esos pagos de intereses iniciales. Por otra parte, si la acción subía, yo participaría dólar a dólar en el alza de Wells. Mis beneficios serían iguales a los de la subida de la acción de Wells Fargo menos los pagos de intereses del préstamo que necesitaba para comprar la acción. Hmmm... Tenía que examinar esto de nuevo: tipos de interés equivalentes a los pagados por muchas grandes corporaciones; sin obligación de reembolso del principal del préstamo si las cosas salían mal. Todo ello sonaba muy bien. Mi única pregunta era: ¿Dónde tengo que firmar? (*Nota*: Esto no era diferente de una análisis típico de LEAPS. Los costes de intereses eran elevados porque incluían el coste del «dinero de protección». A vosotros, los perfeccionistas, os digo que la inclusión del efecto de los dividendos no cambia sustancialmente la cuestión básica).

¿Qué sucedió? Casi todo lo que Berkowitz había predicho. California no cayó en el océano y Wells Fargo ganó casi 15 dólares por acción en 1994 y más de 20 dólares en 1995. En setiembre de 1994, la acción se había más que doblado hasta los 160 dólares por acción.

Un breve comentario sobre los *warrants*

Si ya te gustaban los LEAPS, los *warrants* son incluso mejores en cierto modo. Un *warrant* concede a su titular el derecho a comprar acciones a un precio especificado durante un período de tiempo establecido. Aunque son similares a las opciones *call*, los *warrants* difieren de ellas en dos aspectos. En primer lugar, los *warrants* son emitidos por la compañía subyacente. Por tanto, los *warrants* a cinco años para comprar acciones de IBM a 82 dólares la acción permiten a su titular adquirir acciones directamente de IBM en cualquier momento durante los cinco años siguientes al precio de 82 dólares. En cambio, las opciones *call* cotizadas son representativas de contratos efectuados entre inversores para comprar o vender una acción determinada y la compañía subyacente no está implicada en la operación.

La segunda diferencia existente entre las típicas opciones *call* y los *warrants* debería ser más importante para ti. En el momento en que se emiten, los *warrants* suelen tener un plazo hasta el vencimiento más largo que las opciones *call* típicas. Al igual que los LEAPS, los *warrants* pueden extenderse a un período de varios años. Mientras que los LEAPS se suelen prolongar solo hasta dos años y medio, la fecha de vencimiento para los *warrants* recién emitidos puede fijarse a cinco, siete o incluso diez años vista. (Se han emitido algunos *warrants* perpetuos, sin fecha de vencimiento). Al igual que con los LEAPS, las cualidades de la acción subyacente son la base principal para invertir en *warrants*. Teniendo en cuenta las ventajas del apalancamiento y la «protección» ofrecidas por los *warrants* durante un período de tiempo tan prolongado, suele merecer la pena comprobar si los *warrant*s han sido emitidos por compañías cuyas acciones parecen atractivas.

Otro breve comentario: Opciones e invertir en situaciones especiales

Advertencia: este apartado es solo para estudiantes avanzados (aunque los jugadores compulsivos también son bienvenidos). Los mercados de opciones pueden ofrecer a los inversores que buscan situaciones especiales una oportunidad de obtener beneficios a partir de una ineficiencia del mercado poco conocida. Esto es cierto a pesar de que durante más de dos décadas se han desarrollado y perfeccionado continuamente complejos modelos informáticos para calcular los valores teóricos correctos de cada tipo de opción imaginable (incluidos LEAPS y *warrants*). Teniendo en cuenta la cantidad de potencia profesional y académica dirigida hacia el estudio de opciones y otros valores derivados (valores creados para emular o reaccionar ante los movimientos de otros valores), se podría llegar a pensar que el sentido común y un lápiz serían de escasa utilidad. En realidad, cuando se trata invertir en las opciones de compañías que están experimentando cambios corporativos extraordinarios, los inversores que buscan situaciones especiales tienen una enorme ventaja sobre las grandes lumbreras informatizadas.

Esto es así porque, en muchos casos, los operadores en opciones (incluidas las grandes lumbreras informatizadas) contemplan las cotizaciones de las acciones como simples cifras y no como los precios de participaciones en negocios reales. En general, los profesionales y los académicos calculan el precio «correcto» o teórico de una opción midiendo en primer lugar la volatilidad pasada del precio de la acción subyacente, un indicador del grado de fluctuación del precio de la acción. Este indicador de la volatilidad se introduce en una fórmula que probablemente es una variante del modelo de Black Scholes para la valoración de una opción *call*. (Esta es la fórmula utilizada por la mayoría de académicos y profesionales para valorar las opciones).

La fórmula tiene en cuenta la cotización de la acción, el precio de ejercicio de la opción, los tipos de interés, y el tiempo que falta hasta el vencimiento, así como la volatilidad de la acción. Cuanto mayor es la volatilidad pasada de la acción, más alto es el precio de la opción. Sin embargo, los operadores de opciones que utilizan fórmulas a menudo no tienen en cuenta operaciones corporativas extraordinarias. Los precios de las acciones de las compañías que van a experimentar una inminente *spinoff*, reestructuración corporativa o fusión, pueden oscilar de forma significativa como consecuencia de dichas operaciones especiales, y no a causa de que dichos precios hayan fluctuado históricamente de una determinada forma. Por tanto, las opciones de las compañías que están experimentando un cambio corporativo extraordinario pueden tener fijados sus precios de forma incorrecta. No debería constituir una sorpresa, entonces, que ahí sea donde reside la oportunidad.

En función de la dimensión o la importancia de una *spinoff* con relación a la compañía matriz, las cotizaciones de acciones de las *spinoffs* y de las compañías matrices pueden oscilar más o menos ampliamente después de haberse completado la *spinoff*. Teniendo en cuenta que la fecha de la distribución de las acciones de la *spinoff* se comunica por anticipado, el conocimiento de esta información junto a otra información fundamental acerca de las compañías subyacentes implicadas puede ofrecerte una gran ventaja sobre los operadores de opciones que invierten basándose exclusivamente en las cifras. Una posible estrategia consistiría en comprar opciones que vencen desde varias semanas a varios meses después de que se haya consumado una *spinoff*. En el período posterior a la *spinoff*, el precio de la acción de la compañía matriz puede oscilar de forma espectacular, porque previamente los inversores habían estado reteniendo la compra de acciones de la compañía matriz hasta que se hubiera completado la enajenación del negocio no deseado. También, el precio de la acción de la *spinoff* podría ser una sorpresa durante este período inicial de cotización porque se trata de una nueva acción sin historia y sin un colocador que fije una horquilla de precios esperados. La conclusión es que los mercados de opciones pueden ser una ubicación rentable en la que aprovechar tus esfuerzos de investigación en el área de las *spinoffs*. Concretamente, puedes aplicar tanto tu conocimiento de cuándo va a tener lugar la *spinoff* como tu conocimiento fundamental de las compañías subyacentes implicadas.

Las operaciones de reestructuración y las fusiones pueden proporcionar ventajas parecidas a los inversores en opciones bien informados. En situaciones de reestructuración, conocer el calendario de eventos cruciales en el marco de un programa continuo puede ayudarte a seleccionar la fecha de vencimiento adecuada de una posición *call* o *put*. En muchos casos, la fecha de un reparto importante de efectivo o títulos o la fecha fijada para la venta de los activos pueden corresponderse con un movimiento significativo del precio de la acción subyacente.

Cuando se trate de fusiones, donde una parte del precio de adquisición se paga con acciones ordinarias, la fecha de cierre de la fusión puede ser el catalizador de movimientos extraordinarios del precio de la acción. Las participaciones de la compañía adquirente (dentro de las cuales tus opciones sobre la compañía objetivo se transforman en acciones convertibles una vez que se ha completado la fusión) se encuentran sometidas a toda clase de presiones antes e inmediatamente después de que la fusión haya finalizado. En primer lugar, en muchos casos, los arbitrajistas de riesgo comienzan a adquirir participaciones de la compañía objetivo y simultáneamente empiezan a vender en corto participaciones de la compañía adquirente casi inmediatamente después del anuncio de la fusión. Solo una vez que se ha completado la fusión suele aliviarse esta fuente de presión vendedora sobre la acción de la compañía adquirente. Asimismo, en las semanas inmediatamente posteriores al cierre de una fusión, aquellos accionistas que no han vendido sus participaciones cuando se anunció la fusión suelen vender las acciones recibidas en la compañía adquirente. Esto suele ser debido a que la inversión original en las participaciones de la compañía objetivo se hizo por razones específicas y propias de dicha compañía —razones que no son aplicables a las participaciones de la compañía adquirente. Después de que se calma esta presión vendedora, la acción de la compañía adquirente a veces puede subir de forma espectacular. Esto es más probable que ocurra cuando en la fusión se ha emitido una gran cantidad de nuevas acciones con relación a la cantidad de acciones que la compañía adquirente tenía en circulación antes del acuerdo.

Pero, basta ya de teoría. Veamos a continuación un ejemplo real de cómo unos extraordinarios acontecimientos corporativos pueden perjudicar el funcionamiento de los modelos informáticos más sofisticados.

✎ Estudio de caso
Opciones de Marriott Corporation

La *spinoff* de Marriott descrita en el capítulo 3 es un buen ejemplo de este fenómeno. Tal como vimos, Marriott Corporation se dividió en dos compañías independientes —una Marriott «buena» (Marriott International) y una Marriott «mala» (Host Marriott)—. Se preveía que Marriott International se quedara con todos los contratos de gestión hotelera valiosos y que Host Marriott se quedara con todos los bienes inmobiliarios invendibles cargados con una deuda de miles de millones de dólares. Con un aviso previo de casi once meses, la partición estaba programada que tuviera lugar el 30 de setiembre de 1993.

En agosto de 1993, con la acción de Marriott Corporation cotizándose a 27,75 dólares, pude comprar las opciones *call* de octubre de 1993 con un precio de ejercicio de 25 dólares por acción por un coste 3,125 dólares. Como el tercer viernes de octubre caía en el día 15 (y la *spinoff* se iba a completar el 30 de septiembre), las acciones de Marriott International y Host Marriott se estarían cotizando de forma independiente durante al menos dos semanas, antes de que mis opciones *call* vencieran. Habitualmente, si una *spinoff* tiene lugar antes de que una opción venza, después de ejercerla, el titular de la opción tiene derecho a recibir participaciones tanto de la compañía matriz como de la *spinoff*, como si hubiera sido titular de la acción en la fecha de la *spinoff*. En este caso concreto, esto quería decir que si yo ejercía mis opciones *call* cuando vencieran a mediados de octubre, yo recibiría una participación de Marriott International y una participación de Host Marriott a cambio del precio de ejercicio de 25 dólares.

El truco consistía en que el precio que pagué por mis opciones no tenía en cuenta el hecho de que se iba a consumar una *spinoff* varias semanas antes de su vencimiento. Ambas acciones, la de la compañía matriz y la de la *spinoff*, estarían cotizando de forma independiente antes de que venciera mi opción. Los inversores que habían estado esperando comprar la Marriott «buena» (Marriott International) sin asumir los riesgos de toda la deuda y los bienes inmuebles invendibles al fin podrían comprar la acción en las dos primeras semanas de octubre. Esto podría significar un importante movimiento del precio durante las primeras semanas de cotización de la nueva acción.

Además, la valoración de la Marriott «mala» (Host Marriott), también estaba en cuestión. Host Marriott tenía una deuda de más de 2.500 millones de dólares y algo más de 100 millones de acciones en circulación. Por tanto, la diferencia entre un precio de la acción de Host Marriott de 3 dólares y un precio de 6 dólares no eran tan grande como podría parecer. Un precio de la acción de 3 dólares significaría una capitalización de mercado total (el valor de mercado total de deuda más acciones) de 2.800 millones de dólares y un precio de la acción de 6 dólares se traduciría en una capitalización de mercado total de la compañía de 3.100 millones de dólares —un diferencial de valoración de solo un 10 por ciento en lugar de la aparente disparidad de un 100 por cien—. En resumen, las primeras dos semanas de octubre iban a ser muy activas, tanto para las acciones de Host Marriott como para las de Marriott International.

¿Qué ocurrió? Bien, aproximadamente un mes después de mi compra inicial de las opciones, unos días antes de la fecha de la *spinoff* del 30 de setiembre, la acción de Marriot Corporation había subido hasta 28,50 dólares, resultando en un precio de las opciones *call* del 25 de octubre de 3,625 dólares. Sin embargo, el 15 de octubre, la fecha en que vencían mis opciones, se había producido un cambio espectacular. La acción de Host Marriott se cotizaba a 6,75 dólares. La acción de Marriott International subió hasta los 26 dólares. Como mis opciones me daban el derecho a comprar una participación de ambas acciones por un precio conjunto de 25 dólares, mis opciones se habían disparado hasta los 7,75 dólares. Esto se debía a que el valor de una participación de Marriott International a 26 dólares más el de una participación de Host Marriott a 6,75 dólares daba igual a un valor conjunto de 32,75 dólares (que yo tenía el derecho a comprar por 25 dólares). El aumento de las opciones *call* del 25 de octubre fue todavía más espectacular. Estas opciones *call*, que se podían haber comprado por 0,25 dólares el 23 de setiembre, valían 2,75 dólares tras el vencimiento tan solo tres semanas después.

No hay forma de que los datos de volatilidades pasadas del precio introducidos en un programa informático pudieran haber predicho este movimiento espectacular en las opciones de Marriott Corporation. Observa como un poco de trabajo y un poco de conocimiento pueden ser rentables. ¿No es maravilloso descubrir que de vez en cuando la vida es justa?

Breve resumen

1. **Stub stocks.** Prácticamente no hay ninguna otra área del mercado bursátil en la que la investigación y un detenido análisis puedan ser recompensados de forma tan rápida y generosa.
2. **LEAPS.** Prácticamente no hay ninguna otra área del mercado bursátil (con la posible excepción de las *stub stocks*) en la que la investigación y un detenido análisis puedan ser recompensados de forma tan rápida y generosa.

3. ***Warrants* e invertir en opciones en situaciones especiales.** Prácticamente no hay ninguna otra área del mercado bursátil (con la posible excepción de las *stub stocks* y los LEAPS) en la que la investigación y un detenido análisis puedan ser recompensados de forma tan rápida y generosa.

7

Ver los árboles a través del bosque

¿Soy este policía loco, aquel a cuyo colega siempre matan? Bien, la verdad es que yo podría ser ese policía. Que lo sea o no lo sea depende de ti en gran medida.

Aunque es cierto que tú puedes ser un genio de la Bolsa, no está garantizado que vayas a serlo. Al igual que con la adquisición de cualquier nueva competencia o habilidad, convertirse en un buen inversor puede llevar tiempo y práctica. Al conducirte a áreas de inversión donde las probabilidades juegan a tu favor, yo he tratado de proporcionarte una ventaja inicial. No obstante aún tienes que utilizar tu buen criterio. Si todavía no eres un inversor experimentado en el mercado bursátil, podrías arrancar invirtiendo una pequeña parte de tus activos en esas situaciones corporativas especiales. A medida que vas ampliando tu experiencia y tus conocimientos, podrás ya sentirte con confianza para comprometer una parte mayor de tus recursos.

Hay otros medios que puedes utilizar para no desempeñar el rol del «colega muerto». Francamente, yo no voy a estar cerca de ti para vengar tu muerte en el tercer acto y, por tanto, tienes que aprender a arreglártelas por ti mismo. Una forma de hacerlo es prestando atención a la composición de tu cartera. Por ejemplo, mientras que una cartera con seis o siete diferentes *spinoffs* probablemente tiene sentido, otra cartera compuesta exclusivamente por cinco o seis diferentes LEAPS es probable que no lo tenga. Del mismo modo, a menos que seas un experto en el sector de actividad de que se trate, concentrar todas o la mayor parte de tus inversiones en el mismo no suele ser aconsejable. Además, asumir montones de deuda de margen (el valor total de la deuda de los inversores para ser invertida en Bolsa) puede obligarte a vender tus posiciones en un momento inconveniente; solamente los inversores con una experiencia sustancial deberían tomar prestadas sumas significativas para su cartera de inversiones. Pero todo esto es tan solo sentido común. Si andas escaso de sentido común por lo que se refiere al tema de las inversiones —y no estás dispuesto a dedicar tiempo para ganar algo del mismo— tal vez la gestión de tu propia cartera no sea una actividad adecuada para ti.

No obstante, a la hora de la verdad, este libro no podrá ayudarte con muchas de las decisiones que tendrás que tomar a lo largo de tu vida inversora. No soy experto en seguros, rentas anuales, materias primas, bienes inmuebles (aunque venderme bienes inmuebles parece ser una buena estrategia), monedas raras, pozos de petróleo o carreras de galgos. Sí sé acerca de invertir en situaciones especiales en el mercado bursátil —y no conozco ningún lugar mejor que este para obtener buenas rentabilidades— de forma sistemática y durante un largo período de tiempo. Esa es la razón de que la inmensa mayoría de mis inversiones estén concentradas en esta área. Sin embargo, que esta estrategia sea lógica para mí no la convierte en apropiada para ti. La cantidad de tus recursos de inversión que acaben en estas situaciones especiales depende de tus necesidades financieras individuales, de tu conocimiento de otras áreas de inversión y de lo bien que apliques la información contenida en este libro

Aunque todas las estrategias que hemos comentado que superan al mercado pueden ayudarte a ganar (o a incrementar) una fortuna, es más fácil iniciarse en unas áreas que en otras. Por ejemplo, todo el mundo puede participar con las *spinoffs*. Las *spinoffs* son fáciles de detectar. Puedes seleccionarlas de entre un gran número de oportunidades. Las gangas seguirán llegando precisamente a causa del modo en que funciona el «sistema». Y, como el grupo de ellas en su conjunto bate con facilidad al mercado, incluso puedes meter la pata y salir con unos buenos beneficios. El otro aspecto importante es que puedes pasarte toda tu vida en el campo de las *spinoffs*, sin necesidad de que examines ninguna otra área. Recuerda que si invertir en *spinoffs* es lo que mejor te funciona, sigue insistiendo por todos los medios hasta que sean ellas las que te expulsen.

TÚ PUEDES SER UN GENIO DE LA BOLSA

Por otra parte, hay unas pocas áreas, como la de los LEAPS y las opciones en situaciones especiales, donde todo el mundo, en especial aquellos que se están iniciando en las opciones, debería actuar con más prudencia de la habitual. Aunque incluso la inversión de una pequeña parte de tus activos en estos instrumentos financieros tan apalancados pueda llevarte a un espectacular aumento del valor de tu cartera, las opciones conllevan un grado de riesgo especialmente elevado. La inversión en esta área sin un buen conocimiento de cómo funcionan las opciones es lo mismo que correr a través de una fábrica de explosivos con una cerilla encendida: puedes sobrevivir, pero sigues siendo un idiota.

Independientemente de dónde elijas arrancar, recuerda que una cartera de valores no se hará realidad de la noche a la mañana. Sin embargo, aunque solamente detectes una situación atractiva cada dos o tres meses, deberías ser capaz de construir una cartera de valores respetable de situaciones de inversión especial al cabo de un año, aproximadamente. A ese ritmo, es probable que al cabo de un período de dos años hayas realizado de ocho a diez inversiones diferentes (aunque es probable que en un momento dado haya una cifra menor en tu cartera). En circunstancias normales, no acabarás teniendo una cartera de valores constituida tan solo por *merger securities*, acciones huérfanas (acciones a las que los analistas prestan poca atención y con un bajo ratio PER) o compañías que están sufriendo una reestructuración. Si eres tu quien realmente va a hacer la selección —ciñéndote a las situaciones que conozcas y comprendas bien y que ofrezcan unas extraordinarias características de riesgo-recompensa— una o dos oportunidades de cada una de estas áreas serán una experiencia más habitual.

Tal como he mencionado anteriormente, las *spinoffs* son una historia diferente. En los últimos años, han surgido tantas oportunidades en el área de las *spinoffs* que sería posible crear una cartera completa solo con ellas (en especial si incluyes también algunas compañías matrices). Por tanto, encontrar tres, cuatro o incluso cinco de dichas situaciones durante un plazo de dos años debería plantearte pocos problemas. Aunque tendrás más oportunidades de invertir en LEAPS (puesto que los LEAPS se están cotizando siempre en cientos de compañías), no sería aconsejable invertir más de un 10 o un 15 por ciento de tu cartera de valores en estos instrumentos financieros en un momento dado debido a su naturaleza de apalancamiento.

Veamos ahora otra forma de invertir. Tu cartera no tiene que estar compuesta enteramente de estas situaciones corporativas especiales. Tal vez dispongas de otra estrategia que sea eficaz para ti. Digamos, por ejemplo, que eres un admirador de Ben Graham. No quieres dedicar tiempo y esfuerzo a la selección de acciones individuales, pero aún te apetece batir al mercado. Es probable que sea suficiente con un grupo de quince o veinte acciones que se coticen a precios bajos con relación a su valor contable y que también tengan un valor bajo del ratio precio/flujo de caja. Si sazonas esta cartera con la inversión ocasional en una situación especial (que llegue a representar tal vez entre el 10-20 por ciento del total de tu cartera), aún puedes seguir obteniendo resultados muy satisfactorios. Aunque yo no soy un gran entusiasta de la inversión basada en estadísticas (porque siempre pienso que me irá mejor investigando y conociendo los negocios que vaya a adquirir), para los inversores del estilo «hágalo usted mismo» pero que disponen de poco tiempo esta podría ser una estrategia aceptable.

No obstante, sea como sea, supongamos que seas un adicto. Las inversiones en situaciones especiales son ideales para ti. Estás preparado para arremangarte y ponerte a trabajar. ¿Qué haces ahora? ¿Dónde buscas para encontrar estas oportunidades de inversiones especiales? ¿Qué fuentes de información te serán de utilidad en cuanto las hayas encontrado? ¿Tienes que refrescar los conceptos básicos? ¿Dónde puedes aprender rápidamente los fundamentos contables —conceptos como balances, cuentas de resultados y flujos de caja? Bien, en primer lugar, deja de hacerte tantas preguntas. A continuación, estaré encantado de que las respuestas a las preguntas que me has hecho (y más) sean el tema del resto del capítulo.

Pregunta: ¿Dónde puedes encontrar estas oportunidades de inversiones especiales?

Respuesta: Lee, lee, lee

Aunque quizás no creas que un periódico que tiene millones de lectores sea la ubicación ideal para buscar las oportunidades que se salen de los caminos trillados, la realidad es que sí lo es. Sin lugar a dudas *The Wall Street Journal* es el vehículo ganador en cuanto a mejor fuente de nuevas ideas de inversión. Muchas de las oportunidades para ganar dinero de verdad (incluyendo la mayoría de los ejemplos de este libro) aparecen en uno u otro momento en primera página —a veces durante varios meses seguidos. También están allí, aunque tal vez no en la primera página, las operaciones y los cambios corporativos que afectan a las compañías que no son de primerísima fila. No se trata de que nadie más vea estas noticias, sino que después de leer este libro tendrás una idea más precisa de lo que tienes que buscar.

La batalla que se libró para adquirir Paramount Corporation ocupó los titulares de la primera página durante casi seis meses, aunque no ocurrió así con el método de pago final. El dinero en efectivo, las acciones y cuatro valores desconocidos no llegan a la primera página de los periódicos. Aunque *The Wall Street Journal* revela esta información, no se focaliza en ella. Tu sí lo harás. Asimismo, mientras que la *spinoff* de alguna pequeña división acostumbraba a ser un tema de menor trascendencia, actualmente dará la impresión de que es un acontecimiento importante. Incluso la palabra «quiebra» tendrá un cierto caché cuando la detectes en el periódico de la mañana. La idea es que mientras los demás simplemente leerán las palabras tú encontrarás nuevas oportunidades de inversión leyendo entre líneas.

No tienes que leer nada más que *The Wall Street Journal*, aunque también puedes encontrar nuevas ideas en cualquier diario económico. Tus únicas restricciones son el tiempo y el interés. Entre los periódicos especialmente útiles para buscar nuevas ideas están el *New York Times, Barron's* e *Investor's Business*. La prensa económica regional y local también puede ser un buen coto de caza de situaciones especiales. Esto es debido a que las operaciones extraordinarias que implican a compañías locales y sus filiales suelen cubrirse con mayor detalle, más antecedentes y durante más tiempo en la prensa local que en la de ámbito nacional. Además, los periódicos de ámbito sectorial como por ejemplo *American Banker* o *Footwear News* pueden ser de utilidad.

También hay una lista donde escoger de conocidas revistas económicas. En mi opinión, *Forbes* es la mejor fuente de nuevas ideas. *Bloomberg Business Week, Fortune, Financial World, Worth* y *Kiplinger's Personal Finance* también pueden merecer la pena. Desde luego, no puedes y no tienes que leerlo todo, así que al igual que haces con las acciones, selecciona lo que sea mejor para ti. Recuerda que es la calidad de las ideas, y no su cantidad, lo que te llevará a ganar mucho dinero. Así que no te presiones; lee cuando tengas tiempo y cuando te apetezca. De ese modo, al final serás mucho más productivo.

Si todavía no tienes suficiente material de lectura, la siguiente fuente de ideas potenciales son las *newsletters* de inversiones. Estos boletines de noticias que se publican periódicamente se han ganado en general su mala reputación. Yo he restringido el campo a una breve lista de publicaciones que pueden ser un terreno especialmente fértil para nuevas ideas de inversión. Mi favorita, que ya he citado anteriormente, es *Outstanding Investor Digest* (OID), que entrevista en su mayor parte a gestores de inversiones de primera clase orientados al valor que comentan sus mejores ideas, en general de forma convincente y comprensible. Esta *newsletter* es especialmente útil para encontrar potenciales candidatos LEAPS y, ocasionalmente, para informarse sobre compañías que están experimentando o han completado recientemente una reestructuración.

Otra buena *newsletter* de inversiones, *The Turnaround Letter*, cubre compañías que estén llevando a cabo una transformación corporativa importante. Dos de los principales focos de atención de este boletín son las acciones huérfanas que hayan emergido recientemente de procesos de quiebra y acciones en modalidad de reestructuración. Aunque esta *newsletter* es una provechosa fuente de buenas ideas, se debería utilizar solamente como punto de partida. Como siempre, tú aún tendrás que hacer tus deberes. Esto también es aplicable a mi siguiente recomendación, *Wall Street's Best* (anteriormente *Dick Davis Digest*). Se trata de una muestra seleccionada de lo que el editor cree que son las mejores ideas de entre una multitud de otros boletines de noticias relativos al mercado bursátil. El análisis de esta *newsletter* es un buen medio de detectar una situación ocasional de inversión especial que puede que hayas pasado por alto en tus otras fuentes.

No obstante, recuerda que solo necesitas una buena idea de vez en cuando. Es mejor trabajar a fondo en una sola idea que trabajar a medias en un montón de ideas. Cuando vayas a buscar ideas en *The Wall Street Journal* o en las carteras de acciones de un fondo de inversión, casi nunca, incluso después de haber explorado una situación, obtendrás los resultados deseados. Tal vez una situación de inversión concreta no te ofrece el «margen de seguridad» que necesitas. Tal vez no tenga las perspectivas de subida que a ti te agradarían. Pero, sobre todo, no tendrás resultados porque no conoces ni entiendes la situación concreta —el sector específico en el que opera la compañía, la competencia, o los efectos de un cambio extraordinario—. Pero esto es normal. Tú estás buscando solamente unas cuantas situaciones especiales con las que te sientas con confianza. Por tanto, no te agobies persiguiendo nuevas ideas. Leer el periódico cada día está muy bien. En cualquier caso las ideas fluirán, ahora que tienes una idea mejor de lo que estás buscando,

De acuerdo. Has conseguido una idea. ¿Y ahora qué?

Fuentes principales de información sobre inversiones

Una vez que has encontrado una situación especial potencialmente interesante, hay una serie de lugares a los que te puedes dirigir para obtener más información. La fuente principal de información sobre inversiones la proporciona la propia compañía. La SEC (Securities and Exchange Commission) (Comisión de Bolsa y Valores) exige que todas las compañías que coticen en Bolsa bajo su supervisión le presenten determinados documentos especiales de forma regular.

Con respecto a las informaciones de antecedentes, las más interesantes para ti son el informe anual de la compañía (Formulario 10K de la SEC) y los informes trimestrales (Formulario 10Q de la SEC). Estos informes proporcionan información sobre los resultados operativos y de negocio de la compañía así como las cuentas de resultados, balances y flujos de caja más recientes. Asimismo, casi todo lo que tú quieras saber sobre propiedad de acciones, opciones sobre acciones y remuneración global a los ejecutivos suele encontrarse en los documentos de delegación de voto de la compañía (*Schedule* 14A).

Por lo que se refiere a eventos corporativos extraordinarios, estos son los documentos que hay que buscar:

Formulario 8K. Este formulario se confecciona después de que ocurra un acontecimiento material como, por ejemplo, una adquisición, una venta de un activo, una quiebra o un cambio en el control de una compañía

Formularios S1, S2, S3 y S4. Los formularios S1, S2 y S3 son los comunicados de registro de las compañías que emiten nuevos títulos. El Formulario S4 se elabora para los valores que se van a repartir a través de una fusión u otra combinación empresarial, oferta de intercambio, recapitalización o reestructuración. Este documento puede combinarse a veces con un documento de delegación de voto en situaciones en las que se precisa el voto de los accionistas. (Los S4 suelen ser extensos y muy informativos).

Formulario 10. Este es el formulario utilizado para proporcionar información sobre el reparto de una *spinoff* (todo lo que siempre quisiste saber sobre una *spinoff* pero temías preguntar).

Formulario 13D. Este es el informe en el que los propietarios del 5 por ciento o más de una compañía deben declarar tanto sus participaciones como sus intenciones con relación a dichas participaciones. Si la participación se mantiene con fines de inversión, puede ser útil analizar la reputación del inversor que elabora el documento. Si la inversión se realizó con el fin de ejercer el control o influencia sobre la compañía en cuestión, este documento puede ser la primera señal o servir de catalizador de un cambio corporativo extraordinario.

Formulario 13G. Los inversores institucionales pueden presentar este formulario, en lugar de un formulario 13D, si la inversión tiene exclusivamente fines de inversión.

Anexo 14D-1. Esta es la declaración de oferta pública para comprar acciones (ver Glosario) presentada por una entidad externa. Este documento ofrece mucha información útil de antecedentes sobre una adquisición propuesta. Habitualmente, puede obtenerse del *agente de información* relacionado en el anuncio que comunica la oferta para adquirir acciones.

Anexos 13E-3 y 13E-4. El 13E-3 es el documento utilizado para una operación de conversión de una compañía en privada (como la operación Super Rite del capítulo 4). El 13E-4 es la declaración de oferta pública para comprar acciones cuando una compañía está recomprando sus propias acciones (utilizada en el ejemplo de General Dynamics en el capítulo 5). Recuerda que ambas situaciones pueden ser bastante lucrativas y que las informaciones son incluso más extensas de lo habitual, así que lee con detenimiento.

En muchos casos se pueden obtener estos documentos gratuitamente (o por una módica suma), llamando directamente al departamento de relaciones con los inversores (de acuerdo, podrías tener que contar una mentirijilla piadosa y decir que eres un accionista). Sin embargo, todos estos documentos están disponibles actualmente de forma gratuita en Internet a través del sistema EDGAR. Todas las compañías deben presentar actualmente sus documentos informativos por vía electrónica a través del sistema EDGAR. (EDGAR es un acrónimo de *Electronic Data Gathering Analysis and Retrieval*) (Sistema de Archivo Electrónico de Recogida, Análisis y Recuperación de Datos). Estos documentos son accesibles a través de dos sitios web gratuitos a las veinticuatro horas siguientes de su presentación a la SEC, lo cual es perfecto para satisfacer casi todas tus necesidades al respecto.

Cada día se añaden nuevos servicios y fuentes de información al mundo *online*. Uno de los servicios más asequibles para los inversores individuales es EDGAR Online (https://www.dfinsolutions.com/products/edgar-online). Si necesitas estos documentos de forma inmediata, este sitio web te los puede proporcionar al cabo de varios minutos de su presentación a la SEC.

Fuentes secundarias de información sobre inversiones

Las fuentes secundarias de información también pueden ser bastante útiles para obtener una rápida perspectiva general de una compañía o un sector concretos. Yo utilizo con frecuencia la conocida *Value Line Investment Survey* para este propósito. Sus informes de compañías individuales ofrecen una perspectiva histórica muy útil de sus actividades operativas e inversoras. Además, como dichos informes están organizados por sector de actividad, es muy fácil obtener datos de valoración sectorial para utilizarlos en la valoración de candidatos a *spinoffs* y reestructuraciones. El servicio puede ser un tanto costoso para inversores individuales, pero la mayoría de bibliotecas públicas disponen de una copia, como mínimo.

No obstante, esta parafernalia no es estrictamente necesaria. Con *The Wall Street Journal*, un teléfono para pedir información y noticias de las compañías y la tarjeta de una biblioteca se puede conseguir prácticamente lo mismo. En la mayoría de estos casos, dispondrás de mucho tiempo para hacer tu trabajo. Si una situación se mueve tan rápidamente que un par de horas o de días marcan la diferencia, es probable que no sea apropiada para ti. La mayoría de los tipos de Wall Street que ves por televisión correteando y vociferando no están realmente reflexionando ni haciendo investigación. No estoy muy seguro de lo que hacen, pero no te preocupes por ello. Lo importante es ceñirse a las pocas situaciones que tienes tiempo para investigar y comprender.

¿Necesitas refrescar algunos conceptos básicos? ¿Dónde puedes aprender rápidamente sobre los estados contables básicos?

Como siempre decía mi padre, «los datos no mienten, pero los mentirosos pueden imaginar». Así pues, cuando se trata de interpretar balances y cuentas de resultados, si quieres buscar por ti mismo y estás un poco flojo en los conceptos básicos, probablemente sea una buena idea hacer un poco de trabajo de refresco. No hace falta un gran esfuerzo. Se puede adquirir un buen conocimiento de los balances y las cuentas de resultados de los siguientes libros: *Como Interpretar Informes Financieros* de John A. Tracy; *How to Use Financial Statements* de James Bandler; y *How to Read Financial Statments* de Donald Weiss.

No obstante, mi libro favorito en este campo es *The Interpretation of Financial Statements* de Benjamin Graham, un volumen de tan solo 144 páginas que contiene todo lo que te hace falta saber al respecto.

¿De qué trata todo esto del flujo de caja? ¿Qué es? ¿Por qué debería importarte?

Flujo de caja es un término que los inversores definen de muy diversas formas. El indicador del flujo de caja que considero más útil cuando analizo compañías es el que algunas personas conocen como *flujo de caja libre*. En la mayoría de los casos el flujo de caja libre te proporciona una idea mejor que el beneficio neto respecto a qué cantidad de dinero real está circulando a través de una compañía cada año. Como las ganancias en efectivo (en contraposición a las ganancias declaradas) pueden ser utilizadas para el pago de dividendos, recompra de acciones, liquidación de deudas, financiación de nuevas oportunidades y realización de adquisiciones, es importante ser consciente de la capacidad de generar dinero de una compañía. El concepto es bastante fácil, y se puede obtener toda la información necesaria en el *Estado de Flujos de Caja* que se encuentra en los documentos financieros trimestrales y anuales que toda compañía debe cumplimentar.

La idea es que la cifra del beneficio neto (habitualmente comunicada como beneficios por acción) solo refleja el beneficio a efectos contables. En el cálculo del beneficio neto están incluidos algunos gastos no monetarios; por otra parte, determinados gastos monetarios se excluyen del cálculo del beneficio neto. El indicador del flujo de caja libre simplemente añade al beneficio neto algunos de estos gastos no monetarios y deduce algunos de los gastos en efectivo, para ofrecer una vista más precisa de la cantidad de efectivo que una compañía está generando.

Fundamentalmente, los gastos no monetarios son depreciación y amortización. La *depreciación* es un cargo contable no monetario sobre las ganancias para asignar el coste de activos fijos como las instalaciones y el equipo a lo largo de sus vidas útiles. Por ejemplo, no es correcto deducir de unas ganancias de 1 millón de dólares los gastos correspondientes a la adquisición de una nueva máquina por 1 millón de dólares. Un cargo sobre las ganancias de 100.000 dólares, por ejemplo, reflejaría mejor la realidad económica de la operación. Así pues, aunque ha salido 1 millón de dólares por la puerta de la compañía en el primer año, la cuenta de resultados solo se verá afectada por un cargo de 100.000 dólares, como valor representativo de la depreciación correspondiente a un año.

La *amortización* también es un gasto no monetario similar a la depreciación, excepto en que los cargos anuales sobre las ganancias son representativos de determinados activos intangibles correspondientes a un determinado período de tiempo. Los activos intangibles tienen una vida de un año o más y carecen de sustancia física o material. El fondo de comercio (*goodwill*) es la forma más frecuente de activo intangible. Habitualmente, aparece como consecuencia de la compra de un negocio por un precio superior al de los activos identificables de la compañía. Este coste en exceso se ubica en el balance de la compañía adquirente como fondo de comercio y se amortiza frente a las ganancias durante un período de tiempo no superior a cuarenta años. En muchos casos, siempre y cuando la capacidad de generación de ganancias de la compañía adquirida no disminuya con el paso del tiempo, el cargo de la amortización que se deduce de las ganancias de una compañía es simplemente una ficción contable.

Para calcular el flujo de caja libre en su formato básico, (1) empieza con el beneficio neto, (2) añade los cargos no monetarios de depreciación y amortización, (3) resta las inversiones en bienes de capital, que suelen estar representadas por desembolsos monetarios en nuevas instalaciones y equipo. El resultado es un indicador de la cantidad de flujo de caja libre que una compañía ha generado en un año determinado. Por ejemplo,

Beneficio Neto	20 dólares
+ Depreciación	6 dólares
+ Amortización	3 dólares
	29 dólares
− Inversiones en bienes de capital	5 dólares
	24 dólares

Fíjate que en este ejemplo la cifra del flujo de caja libre es un 20 por ciento mayor que la del beneficio neto. Si, durante un período de varios años, el flujo de caja libre fuera sistemáticamente más alto que el beneficio neto, podría ser razonable confiar en la cifra del flujo de caja libre, y no en la del beneficio neto, cuando se trate de determinar el valor de una compañía (es decir, que la compañía sería contemplada en función de un múltiplo del flujo de caja libre, y no en función del más frecuentemente usado múltiplo de las ganancias o ratio PER). A la inversa, si el flujo de caja libre de una compañía fuera sistemáticamente más bajo que el beneficio neto (y esto no fuera debido a una gran expansión que requiriese grandes sumas de inversión en bienes de capital), podría ser mejor utilizar la cifra más conservadora del flujo de caja libre a efectos de valoración.

Existen varias razones por las que el flujo de caja libre de una compañía puede diferir de sus ganancias declaradas. Una de las razones es que la depreciación (un cargo anual basado en el coste histórico de los activos fijos) podría no reflejar con precisión el gasto periódico anual de reemplazar las instalaciones y el equipo de una compañía. El coste de reemplazar estas instalaciones y este equipo físico puede haber subido cada año debido a la inflación. Asimismo, en algunos negocios, aunque las instalaciones actuales no estén agotadas, puede seguir siendo necesario mejorarlas constantemente para estar al día frente a la competencia. (Por ejemplo, un gran almacén local o un hotel local pueden tener que renovarse antes de lo previsto a causa de las acciones emprendidas por una tienda rival o por la aparición de un nuevo competidor). También hay algunos casos en los que el cargo por la depreciación es demasiado elevado para representar con precisión los gastos periódicos. Algunas veces los avances tecnológicos reducen los costes

TÚ PUEDES SER UN GENIO DE LA BOLSA

de sustitución del equipo. En otras situaciones, el equipo antiguo puede durar mucho más de lo que se había previsto en el programa de depreciación.

En todos estos casos, el examen de las diferencias a lo largo del tiempo entre depreciación anual (una estimación contable de los costes) y la inversión de capital (el coste monetario real) puede llevarte a favorecer el indicador del flujo de caja libre con respecto al de los beneficios. Una vez que se añaden los gastos no monetarios para la amortización, el argumento de la utilización del flujo de caja libre toma aún más fuerza. Como en la mayoría de empresas sólidas la amortización es una ficción contable, es importante añadir los cargos de la amortización anual para obtener una verdadera imagen de la capacidad de generación monetaria de una compañía. En los casos en los que los cargos de la amortización anual son importantes, el flujo de caja libre suele ser un mejor indicador de la capacidad de generar beneficios de una compañía. (Tal vez recuerdes que esto era así en el caso del grupo de emisoras de televisión de Home Shopping Network, que más tarde se escindió en Silver King Communications).

Una cosa más. Si una compañía está creciendo rápidamente, un elevado nivel de inversión en bienes de capital (y, por tanto una cantidad reducida de flujo de caja libre) no es necesariamente algo negativo. Esa parte de la inversión de capital que se utiliza para mantener instalaciones ya existentes es el asunto importante. Aunque unas pocas compañías comunican el desglose entre inversión de capital para mantenimiento e inversión de capital para ampliación, habitualmente hay que llamar a la compañía para obtener esta información. En cualquier caso, una suma elevada de inversión de capital con relación a la depreciación no es por sí misma motivo de preocupación, puede estar asociada exclusivamente al crecimiento de un negocio que tu crees que seguirá teniendo éxito.

¿Hay otros libros sobre inversiones que merezca la pena leer?

No hay libros para recomendar que traten exclusivamente de las situaciones de inversiones especiales que se describen en este libro. Sin embargo, hay una serie de libros que te pueden proporcionar una excelente información general sobre la Bolsa y la inversión en valor.

Toda esta información te puede ser de utilidad cuando la apliques a las inversiones en el área de situaciones especiales. Así pues, si dispones de tiempo y estás bien predispuesto, te muestro a continuación una lista de mis libros preferidos de todos los tiempos.

David Dreman, *Estrategias de inversión a contracorriente: haz lo contrario del mercado y triunfa* (Deusto, 2013).

Benjamin Graham, *El inversor inteligente: un libro de asesoramiento práctico* (HarperCollins, 2019).

Robert Hagtstrom, *Warren Buffett* (Gestión 2000, 2011).

Seth A. Klarman, *Margin of safety* (Beard Books, 2000).

Peter Lynch y John Rothchild, *One up on Wall Street* (Simon & Schuster, 1989) y *Batiendo a Wall Street* (Deusto, 2017).

Andrew Tobias, *La única guía de inversión que usted necesitará* (Harvest Books, 1999).

John Train, *Grandes maestros de la inversión* (Planeta, 2019).

8

Lo mejor está en el camino
y no en el resultado

Uno de mis pasatiempos favoritos es la navegación a vela. No la competición, no el hecho de llegar a alguna parte, sino la simple sensación de estar en el agua y navegar. Desde luego, existen medios de navegación más rápidos y medios más cómodos para ir de un lugar a otro; el ratio trabajo duro/distancia recorrida es elevado. La cuestión, sin embargo, no es ir a algún sitio en particular. Yo termino siempre allí de donde he partido. Lo importante para mí es disfrutar y sacar el máximo partido del viaje. Como dice el refrán, «lo importante es el viaje, no el destino».

Para ser un inversor de éxito a largo plazo, también tienes que disfrutar a fondo del viaje. Hace ya mucho tiempo que Warren Buffett y Peter Lynch sobrepasaron cualquier nivel de ahorros razonable para garantizar que sus seres cercanos y queridos tuvieran sus necesidades bien cubiertas. Es evidente que disfrutan con el desafío de la inversión. Si tú eres el tipo de persona que va a perder el sueño después del primer bache del mercado (o peor aún, si vas a sentir pánico a causa de tus meditadas posiciones inversoras porque el mercado cae), entonces quizás sea más apropiado para ti un enfoque más pasivo que el que se propugna en estas páginas. De hecho, si no vas a disfrutar de la actividad, no te molestes: hay otros usos bastante más productivos para tu tiempo.

Por supuesto, si eres capaz de gestionar satisfactoriamente tus propias inversiones, puede haber algunos beneficios colaterales. Aunque todo el mundo sabe qué es lo que el dinero no puede comprar, evidentemente hay cosas que el dinero sí puede comprar: una sensación de seguridad, una jubilación confortable y la capacidad de satisfacer las necesidades de tu familia. Incluso desde un punto de vista religioso, el dinero no tiene que ser tan negativo. De hecho, si se utiliza para ayudar a los demás, el dinero puede ser una fuerza muy positiva.

Algunas personas —incluido en este grupo el famoso economista del siglo dieciocho Adam Smith— creen que cuando tu persigues tu propio interés, toda la sociedad se beneficia de ello. En la Bolsa, la compraventa de acciones crea un mercado para el capital corporativo y, en última instancia, proporciona un vehículo para que los negocios productivos recauden capital y se expansionen.

Aunque para mucha gente «el tiempo es dinero», probablemente sea más universal decir «el dinero es tiempo». Después de todo, el tiempo es la moneda de la vida de cada uno de nosotros. Cuando se ha gastado, la partida se ha terminado. Uno de los grandes beneficios de tener dinero es la capacidad de perseguir aquellos grandes logros que requieren los dones de ser y tiempo. De hecho no se puede sostener a una familia o realizar aportaciones a la sociedad sin estos dones. Por tanto, aunque el dinero no puede comprar tu felicidad o ni siquiera tu satisfacción, podría comprarte algo más. Si se contempla bajo la luz apropiada, puede comprarte tiempo —la libertad de perseguir las cosas con las que disfrutas y dan significado a tu vida—.

Yo pretendía que este libro se contemplara a muchos niveles diferentes. Si eres un inversor que ya posee una notable experiencia en el mercado bursátil, espero y deseo que te haya abierto nuevas áreas del mundo inversor. Tu trabajo debería ser más fácil en muchos aspectos, ahora que ya sabes dónde encontrar estas ubicaciones especiales en las que las probabilidades inversoras están tan totalmente decantadas a tu favor. Después de leer este libro deberías tener una idea mejor de lo que hay que buscar una vez que hayas llegado hasta allí.

Por lo que respecta a los principiantes, espero que este libro les haya servido de primer paso y de inspiración. Si las oportunidades descritas aquí te parecen atractivas, puedes estar seguro de que la mayoría de las áreas cubiertas en el libro están al alcance de la comprensión del inversor medio. No hace falta que seas un genio, lo que necesitas es un conocimiento y comprensión básicos de los estados contables, algo de sentido común y la paciencia necesaria para adquirir experiencia.

Como he venido diciendo, hará falta trabajo y cierto esfuerzo, pero este conocimiento te debería reconfortar. Si todo el mundo pudiera sacar partido de los métodos de inversión descritos en este libro con tan solo asomarse a ellos, entonces probablemente no podrías esperar conseguir unos resultados extraordinarios. Lo que te diferenciará de los demás será lo mismo que hace que muchos inversores se queden por el camino. El obstáculo para triunfar en el mercado bursátil no es la carencia de una capacidad intelectual excepcional, una inteligencia inigualable o una perspicacia fuera de lo común. El secreto, ahora que sabes dónde hay que mirar, es simplemente hacer un poco de trabajo adicional. Cuando reflexiones sobre ello, verás que parece muy razonable.

Aunque no puede decirse que la vida siempre es justa, la Bolsa sí lo es en la mayoría de los casos y en una consideración a largo plazo. Aunque estoy en contra de las afirmaciones rotundas, estoy de acuerdo con la opinión general de hoy en día de que las acciones son el vehículo de inversión por excelencia para la mayoría de la gente. Siempre y cuando la economía y las empresas que componen la Bolsa sigan creciendo, más pronto o más tarde el mercado bursátil reflejará esta realidad. Eso no significa que la Bolsa vaya ofrecer permanentemente rentabilidades de la inversión superiores. En un plazo que va desde los últimos años de la década de los 60 hasta los primeros años de la década de los 80, los principales promedios del mercado apenas avanzaron. No obstante, hablando en general y en una consideración a largo plazo, el mercado bursátil reflejará con precisión el progreso de las empresas que representa.

Lo cual nos lleva a la ventaja final del tipo de inversión en situación especial que ha sido el objeto de este libro. Aunque es bonito y a menudo útil estar frente a un mercado en alza, tampoco hace falta. Como tus oportunidades de gangas se crean a través de eventos corporativos especiales —eventos que tienen lugar en todos los entornos de mercado— constantemente surgen nuevas oportunidades. Sin embargo, en la mayoría de casos, estas oportunidades son solamente temporales. Tal vez no surjan hoy ni mañana, pero si haces bien tus deberes, la Bolsa reconocerá al final el valor intrínseco que te atrajo en principio a la oportunidad de hacerte con una ganga. Esa es la razón de que al final un enfoque disciplinado dirigido a la búsqueda de acciones que supongan una oportunidad dará buenos resultados.

La idea que hay tras este libro era hacerte saber que hay una bola de nieve en lo alto de una colina, proporcionarte un mapa, cuerda suficiente y un equipo de escalada para que puedas alcanzar esta bola de nieve. Tu tarea —si decides aceptar el reto— consiste en empujar-la colina abajo y hacerla crecer.

Anexo

Gotham Capital

	Rentabilidades de la inversión desde el inicio	Total acumulado. Conversión de 1 dólar
1985 (9 meses)	+ 70,4 %	1,70 dólares
1986	+ 53,6 %	2,62 dólares
1987	+ 29,4 %	3,39 dólares
1988	+ 64,4 %	5,57 dólares
1989	+ 31,9 %	7,34 dólares
1990	+ 31,6 %	9,66 dólares
1991	+ 28,5 %	12,41 dólares
1992	+ 30,6 %	16,21 dólares
1993	+ 115,2 %	34,88 dólares
1994	+ 48,9 %	51,97 dólares

Enero de 1995 (*devolución de todo el capital a los socios comanditarios externos*)

Rendimiento anualizado desde el inicio	+ 50,0 %

(Todas las rentabilidades han sido auditadas e incluyen la rentabilidad de la cartera después de deducir todos los gastos, antes de la asignación de incentivos a los socios generales)

Glosario

Acciones preferentes

Un tipo de capital social de una corporación que paga dividendos a una tasa especificada y que tiene un *status* preferente sobre las acciones ordinarias en el pago de dividendos y en la liquidación. Las obligaciones de las acciones preferentes de una compañía son de menor rango que las obligaciones de deuda de una compañía. Las acciones preferentes pueden ser acumulativas, es decir, cualquier pago de dividendos que se omita se acumula y debe abonarse íntegramente antes de que las acciones ordinarias reciban dividendos. Las acciones preferentes pueden ser convertibles en otros tipos de valores, rescatables a un precio especificado después de un período de tiempo también especificado, o intercambiables por otros valores a opción de la compañía emisora.

Agente de colocación de una emisión de acciones
(Underwriter)

Un banco de inversión que vende una nueva emisión de valores al público; el agente colocador puede trabajar solo o junto a un grupo o sindicato de colocación de acciones. En el marco del compromiso de colocación, el banco de inversión compra los nuevos valores a la compañía emisora con un descuento y luego revende dichos valores al precio de la oferta pública.

Amortización

Un cargo no monetario sobre los beneficios concebido para asignar el coste de activos intangibles (activos que no tienen una composición física), como por ejemplo el fondo de comercio o los derechos de patente, a lo largo del período de su utilidad. Aunque la amortización del fondo de comercio (la suma en la que un precio de adquisición sobrepasa el valor justo de mercado de los activos identificables que son adquiridos) se carga a los resultados, este gasto no representa un coste operativo o de explotación. Si el valor del negocio adquirido permanece estable o aumenta a lo largo del tiempo, la adición de los gastos de amortización a las ganancias ofrecerá una visión más clara de la auténtica capacidad de generar ganancias de una compañía (ver la discusión sobre el flujo de caja o *cash flow* en el capítulo 7).

Año fiscal

Un período continuado de doce meses utilizado por una empresa como período contable. El año fiscal de una compañía puede corresponderse con el año natural (que finaliza el 31 de diciembre), pero muchas empresas tienen diferentes fechas de finalización del año fiscal.

Apalancamiento *(Leverage)*

Apalancamiento financiero se refiere a la cantidad de deuda de una compañía con relación a su capital. Una compañía apalancada tendrá un ratio deuda/capital elevado. El uso del apalancamiento financiero puede dar lugar a elevadas rentabilidades para los accionistas si la compañía puede tener unas ganancias sustancialmente más altas sobre el dinero prestado que el coste de los préstamos. Una *inversión apalancada* es aquella en la que el inversor toma dinero prestado para efectuar una inversión (por ejemplo, la adquisición de una casa con una hipoteca elevada o bien la compra de acciones con dinero prestado) o aquella en la que el inversor compra el derecho de adquisición en una fecha posterior de un activo relativamente grande por una suma de dinero relativamente pequeña, tal como ocurre en la compra de una opción o *warrant*.

Arbitraje de riesgo

La compra de acciones de una compañía que está sujeta a una adquisición anunciada, acompañada a veces por la venta de acciones al adquirente potencial. (¿Por qué estás leyendo esto? Te dije que no lo ensayaras en casa).

Beta
Volatilidad de una acción con relación al mercado total.

Bono
Una obligación de deuda que exige el pago de una suma especificada al vencimiento y que habitualmente obliga a pagos periódicos de intereses. Un bono puede ser senior o junior con respecto a otros bonos emitidos por una corporación. Puede estar subordinado a otras obligaciones de deuda (con una prioridad inferior frente a los activos de una compañía). Puede tratarse de un *bono garantizado* (respaldado por una garantía) o un *bono no garantizado* (no respaldado por una garantía), denominado habitualmente *obligación*. Un bono puede ser convertible en otro tipo de valor o ser un *bono cupón cero* que solo obliga al pago del principal al vencimiento. Un bono PIK (*payment-in-kind* o pago en especie) permite al emisor efectuar los pagos de intereses en forma de bonos adicionales en lugar de efectivo.

Bróker
Una mezcla de abogado, político y vendedor de seguros (pero yo no los discrimino; algunos de mis mejores amigos son brókeres).

Capitalización de mercado o valor de mercado
El valor de una compañía determinado a través de la multiplicación de su cotización por el número de acciones en circulación (por ejemplo, una compañía con 10.000.000 de acciones en circulación y cuya acción cotice a 17 dólares tendría una capitalización de mercado de 170 millones de dólares). La capitalización total sería igual a la suma de la capitalización de mercado de la compañía más el valor de su deuda pendiente.

Compra apalancada *(Leveraged Buyout)*
La adquisición de una compañía utilizando principalmente fondos prestados; los activos de la compañía adquirida y la capacidad de generar ganancias son la base principal para la obtención de créditos. Se pueden comprar de forma apalancada acciones que cotizan en Bolsa a través de la inversión en *stub stocks, spinoffs* apalancadas, y un *merger security* ocasional.

Default o incumplimiento

Falta de pago de los intereses o del capital de una obligación de deuda en el momento en que corresponde hacerlo. *Default* también se refiere a la violación de determinados pactos de los contratos de préstamo, por ejemplo, no alcanzar los objetivos mínimos de ganancias o activos exigidos por el acuerdo de préstamo o por las condiciones del bono.

Depreciación

Un gasto no dinerario aplicado a los beneficios para asignar el coste de un activo fijo, como instalaciones y equipo, a lo largo de su vida útil (ver capítulo 7)

Desdoblamiento de acciones *(Stock Split)*

Aumento prorrateado del número de acciones en circulación de una compañía sin ningún cambio en el capital o valor de mercado de la compañía. Un desdoblamiento de 3 acciones por cada acción que cotice a 30 dólares y 3.000.000 de acciones en circulación debería dar como resultado una compañía con 9.000.000 de acciones en circulación y una acción que cotice a 10 dólares. Por sí mismo, el desdoblamiento no afecta al valor de mercado de la compañía.

Deuda de margen *(Margin Debt)*

Tomar prestado utilizando el valor de los activos como garantía. Según la Regulación T, un individuo puede tomar prestado hasta el 50 por ciento del valor de mercado de sus existencias en acciones cualificadas.

Documento de delegación de voto *(Proxy Statement)*

Documento que contiene determinada información exigida por la SEC (*Securities Exchange Commission*) (Comisión de Bolsa y Valores) que la compañía debe entregar a los accionistas antes de que estos voten sobre asuntos importantes de la misma. Por ejemplo, se distribuye un *proxy statement* entre los accionistas antes de que los miembros del consejo de administración sean elegidos y antes de que se complete una fusión por absorción.

Documentos a presentar ante la SEC *(Securities and Exchange Commission)*

Los formularios y calendarios informativos que las compañías que cotizan en el mercado bursátil están obligadas a presentar a este organismo gubernamental; entre ellos, informes periódicos de resultados financieros así como comunicados de desarrollos de la compañía.

Estado financiero pro forma
Un ejemplo hipotético de lo que serían un balance de situación, una cuenta de resultados o cualquier otro estado financiero si se hubiera producido un evento determinado. Por ejemplo, una *cuenta de resultados pro forma* podría mostrar cuáles hubieran sido las ganancias de la compañía si se hubiera completado una fusión en una fecha más temprana.

Estructura del capital
La composición de la deuda y el patrimonio neto de una compañía. El ratio de deuda sobre recursos propios es un indicador que determina si una compañía tiene una estructura de capital segura o arriesgada.

Flujo de caja *(Cash Flow)*
Se define de varias maneras. En general, el término flujo de caja o *cash flow* se utiliza para referirse a los beneficios monetarios de una compañía, que consta de beneficio neto más gastos no monetarios (habitualmente depreciación y amortización). El *flujo de caja libre* es un término más útil porque tiene en cuenta las necesidades de inversión en bienes de capital, se refiere al beneficio neto más depreciación y amortización menos inversión en bienes de capital o activo fijo (ver discusión sobre flujo de caja en el capítulo 7).

Fondo de inversión índice o indexado
Una estrategia de inversión que busca replicar las rentabilidades de un índice de mercado concreto a través de la adquisición de la mayoría o de todos los valores que forman parte de este índice. Un fondo indexado al S&P 500 incluiría las 500 acciones que componen dicho índice en la misma proporción que se utiliza para calcular el índice.

Fiduciario
La persona u organización responsable de invertir apropiadamente el dinero encomendado para beneficio de un tercero (también conocido como el individuo que es demandado cuando algo va mal con la inversión).

Insiders o personas clave de dentro de la compañía

Los directores, otros directivos y empleados clave de una compañía. No es la definición legal completa de *insiders,* pero estos son los individuos a los que hay que vigilar cuando tomes decisiones de inversión.

Inversión en bienes de capital

La adquisición (o mejora) de activos fijos, como las instalaciones y los bienes de equipo. Las *inversiones en bienes de capital* suelen amortizarse a lo largo de su vida útil, mientras que los gastos en reparaciones se cargan en el ejercicio en el que se realizaron.

Inversores institucionales

Organizaciones que negocian grandes volúmenes de dinero de otras personas en forma de fondos de pensiones, bancos, fondos de inversión, compañías de seguros, fondos de inversión originados por donaciones y subvenciones a universidades (*endowment funds*), y fondos de sindicatos.

Inversor a contracorriente

Un inversor deseoso de pensar y actuar de forma diferente de la tendencia general.

LEAPS *(Long-Term Equity Anticipation Securities)*

Son opciones *put* o *call* a largo plazo negociadas desde 1990 en el Chicago Board Options Echange, sobre el índice S&P 500. Permiten a su titular comprar o vender acciones a un precio de ejercicio o ejecución establecido. Las fechas de vencimiento de los *LEAPS* pueden oscilar desde los nueve meses a los tres años que son plazos más largos que el período de tenencia para una opción *put* o *call* tradicional.

Liquidez

La capacidad de comprar y vender grandes cantidades de acciones u otros valores sin influir indebidamente en el precio del valor. Por ejemplo, un comprador de 100.000 acciones de IBM puede ser capaz de adquirir dichas acciones de acuerdo con el precio de mercado actual de la acción, mientras que un comprador de 100.000 acciones de XYZ Donut puede forzar a subir de forma sustancial el precio de la acción antes de que se encuentren vendedores de dicha cantidad de acciones.

Margen de seguridad

El colchón existente entre el precio de un activo y su valor estimado. La adquisición de valores con un pronunciado descuento respecto a su valor «especificado o estimado» fue el concepto esencial de inversión descrito por Benjamin Graham.

Modelo de Black–Scholes

Es una fórmula de fijación de precio para determinar el valor de mercado razonable de las opciones. Este modelo, aunque es de utilidad en circunstancias normales, estalla prácticamente cuando se emplea para predecir los precios de opciones para compañías sometidas a cambios extraordinarios (ver capítulo 6 para más detalles).

NASDAQ (National Association of Securities Dealers Automated Quotations System)

Un sistema informático utilizado por intermediarios y brókeres para ofrecer las cotizaciones de la mayoría de acciones que operan en el mercado secundario. Las compañías cotizantes deben cumplir determinados requisitos para ser incluidas en este sistema.

Oferta pública de adquisición de acciones

Una oferta anunciada públicamente para adquirir algunas o todas las acciones de una compañía a un precio declarado; la *oferta pública de adquisición* suele estar abierta durante un tiempo limitado y se suele hacer con un recargo sobre el precio de mercado de la compañía.

Opciones (opciones cotizadas)

El derecho a comprar o vender un valor a un precio concreto durante un período determinado de tiempo. Las *opciones sobre acciones cotizadas* se negocian en forma de *contratos*. Un contrato de opción representa el derecho a adquirir o vender 100 acciones de un determinado valor. Una opción de compra (*call option*) permite a su titular comprar 100 acciones de un valor a un precio fijado en una fecha concreta o antes de dicha fecha. Una opción de venta (*put option*) permite a su titular vender 100 acciones de un valor a un precio fijado en una fecha concreta o antes de dicha fecha. (Ver el capítulo 6 para una descripción más completa de las opciones). Las opciones sobre acciones de incentivo (*incentive stock options*) son diferentes de las opciones cotizadas (*listed options*); las primeras se refieren a las acciones otorgadas por una compañía a sus ejecutivos como una forma de pago en concepto de incentivos.

Ratio PER

El precio de una acción dividido por el beneficio por acción. Este indicador (conocido también como múltiplo de los beneficios) nos dice a qué múltiplo está fijado el precio de una acción con relación a sus ganancias. Una acción que se cotice a 10 dólares y cuyas ganancias sean de 1 dólar se está negociando a un PER de 10. (El inverso del ratio PER o ganancias por acción divididas por el precio de la acción se denomina rendimiento de las ganancias (*earnings yield*). Así pues, la misma acción cuyas ganancias son de 1 dólar y se cotiza a 10 dólares, tendrá un rendimiento de las ganancias del 10 por ciento. A veces es más fácil utilizar el rendimiento de las ganancias para comparar la rentabilidad de la acción respecto de los bonos u otros instrumentos del mercado monetario).

Rendimiento al vencimiento

La tasa de rentabilidad de un bono u otro instrumento de deuda si se mantiene hasta su fecha de vencimiento —la fecha en la que la deuda debe pagarse; *el rendimiento al vencimiento* diferirá del tipo de interés declarado en un instrumento de deuda si se ha adquirido con descuento o con recargo respecto a su valor nominal. Por ejemplo, un bono al 10% con un vencimiento a 10 años que se adquiere a un 80 por ciento de su valor nominal tiene un rendimiento al vencimiento del 13,74 por ciento. La diferencia entre el *rendimiento declarado* y *el rendimiento al vencimiento* se debe al efecto del pago anual de 10 dólares en intereses sobre un precio de compra de tan solo 80 dólares y la recogida de 100 dólares al vencimiento frente a un coste inicial de 80 dólares.

Riesgo no dependiente del mercado (riesgo no sistemático)

La parte de riesgo de una acción que no está relacionada con el movimiento del mercado. Si tienes de cinco a ocho acciones en tu cartera de valores (en diversos sectores) no tienes que preocuparte mucho de este riesgo.

Spinoff

Escisión o segregación. Es la operación contraria a la fusión. A través de ella, la empresa separa sus diferentes actividades con el fin de maximizar el valor de las partes por separado o para evitar el contagio de situaciones negativas.

Stub Stocks

Acciones que se venden a un precio extraordinariamente reducido porque (1) la compañía emisora tiene un patrimonio neto negativo después de asumir una deuda importante (debido a una compra apalancada o a una recapitalización) o bien (2) ha repartido un dividendo inusualmente grande.

Teoría del mercado eficiente (o teoría del paseo aleatorio)

Una teoría que indica que el precio de las acciones se fija de forma eficiente y que toda la información públicamente disponible y las expectativas futuras de una acción se reflejan en su precio o cotización actual. En su versión más radical, esta teoría propone que un mono que arroje dardos tiene tantas probabilidades de superar al mercado como un inversor profesional. (Nota: Aunque generalmente lo del mono es cierto, eso no quiere decir que los mercados sean eficientes. Esta teoría la enseñan en las escuelas de negocio para que tengas menos competencia cuando realices tu propia investigación sobre las acciones).

Valor mobiliario, título (security)

Instrumento financiero negociable con un determinado valor monetario. Representa una posición de propiedad en una compañía que cotiza en el mercado bursátil (acciones), una relación acreedora con un organismo gubernamental o una corporación (bonos),o bien un derecho a la propiedad (opciones, warrants).

Valor contable por acción

El valor del patrimonio neto de una compañía tal como consta en el balance de situación dividido por el número de acciones en circulación. El valor contable refleja el valor histórico de los activos de una compañía menos todo el pasivo de la misma. El valor contable tangible excluye el valor contable de los activos intangibles de una compañía, como las patentes o el fondo de comercio. Una estrategia de adquisi-

ción de acciones a precios bajos con respecto a sus valores contables
ha demostrado que vence sistemáticamente al mercado.

Valor nominal

El valor declarado de un bono, pagaré o hipoteca tal como aparece en
el documento o certificado. Un instrumento de deuda se suele resca-
tar por su valor nominal en la fecha de vencimiento. Un instrumento
de deuda puede negociarse (o emitirse) por encima o por debajo de su
valor nominal.

Venta en corto

La venta de una acción tomada a préstamo con la esperanza de que su
cotización descienda antes de que tenga que ser recomprada y devuel-
ta a su propietario.

Volatilidad

El volumen y la frecuencia de las oscilaciones de precio; aunque el
término *volatilidad* se utiliza como un indicador del riesgo de una acción por la mayoría de académicos, en general es un indicador defi-
ciente de la rentabilidad a largo plazo.

Warrants

Un título o valor que otorga a su titular el derecho a comprar acciones
de una compañía a un precio determinado y durante un período de
tiempo también determinado. Un *warrant a cinco años* para comprar
acciones de IBM a 100 dólares la acción permitiría al *titular del warrant*
comprar acciones directamente a IBM a 100 dólares la acción en cualquier momento de los cinco años siguientes.

OTROS TÍTULOS DE INTERÉS

El método Wyckoff

Enrique Díaz Valdecantos

ISBN: **9788416583133**

Págs: **224**

El método Wyckoff te propone un viaje a la esencia del trading, a los fundamentos que los grandes especuladores de la historia nos legaron, centrados en la figura de Richard Wyckoff, que fue uno de los más respetados de la época. El libro rescata sus ideas y principios que te ayudarán a entender el porqué del movimiento de los precios, basados en la ley de oferta y demanda y en los procesos de acumulación y distribución, y lo más importante de todo, te enseñará a reconocerlos en un gráfico a través de la observación del precio y del volumen, con indicaciones precisas de cuáles son los mejores momentos para operar.

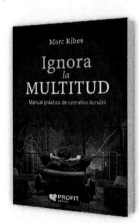

Ignora la multitud

Marc Ribes

ISBN: **9788417209124**

Págs: **248**

Gracias a sus veinte años de experiencia en los mercados financieros, Marc Ribes lleva al lector desde los fundamentos del trading hasta las técnicas necesarias para ser un buen inversor, identificando los indicadores que pueden llevarnos a conseguir grandes beneficios.

Ignora la multitud instruye a las personas no expertas y refuerza los conocimientos de cualquier profesional a través de consejos y metodologías de inversión comprobadas. Un libro que ofrece a los lectores el conocimiento y la visión para entrar en el mercado con confianza y salir con beneficios.

www.profiteditorial.com

Benjamin Graham

Frederick K. Martin

ISBN: **9788416904983**
Págs: **304**

Benjamin Graham es el padre de la inversión, pero su mayor éxito inversor provino de una acción de crecimiento que aumentó su patrimonio personal con una cantidad muy por encima de todas las demás inversiones juntas. Este libro le ayuda a redescubrir la legendaria estrategia de inversión en acciones de crecimiento con un enfoque de vanguardia que busca la rentabilidad en la volatilidad de los mercados actuales.

Contra los dioses

Peter Lewyn Bernstein

ISBN: **9788417942632**
Págs: **376**

Peter L. Bernstein (1919-2009), uno de los padres de las teorías modernas de modelización de riesgos, publicó en 1996 su libro Against the Gods: The remarkable story of risk, del que se vendieron más de un millón de ejemplares, convirtiéndose en un clásico en pocos años.

En este ensayo sobre la historia del conocimiento humano relativo al riesgo y su gestión, el autor describe cómo los matemáticos han tratado de entender los juegos de azar a lo largo de la historia, modelizando probabilidades y aplicando estrategias para compensar riesgos y tomar decisiones.

Mercado de renta variable y mercado de divisas

Xavier Puig Pla, Oscar Elvira Benito, Xavier Brun Lozano y Mireia Sitjas

ISBN: **9788416115013**
Págs: **240**

La bolsa de valores y el mercado de divisas son los dos mercados financieros más populares. Esta nueva edición de este libro, revisada y actualizada, analiza desde distintos puntos de vista este apasionante mundo para que todo aquel que esté interesado en él pueda comprender su funcionamiento y las razones de las variaciones de precio entre las distintas divisas.

Las Ondas de Elliott

Matías Menéndez

ISBN: **9788416583232**
Págs: **224**

Existe una visión distorsionada sobre la inversión en los mercados financieros, motivada muchas veces por falsas recetas milagro para hacerse millonario y un enfoque como si se tratase de un juego de azar. La realidad de la inversión en los mercados financieros es completamente diferente y, sin duda, no se trata de una cuestión azarosa. Es posible hacer un seguimiento de los movimientos presentes del mercado y pronosticar los futuros con cierta exactitud, ya que dentro del caos que representan, existe un orden. La Teoría del Caos, la geometría fractal y el principio de las Ondas de Elliott nos permiten encontrar ese orden, que, junto con la ayuda de unos indicadores técnicos, eliminan la subjetividad hasta ahora existente.